贸易·政治·全球化译丛

贸易·政治·全球化译丛

四处贩卖的贸易保护主义

《斯穆特-霍利关税法案》与大萧条

道格拉斯·A. 欧文（Douglas A. Irwin） 著
阿德莱德·朱莹（Adelaide Ying Zhu） 译

上海财经大学出版社

图书在版编目(CIP)数据

四处贩卖的贸易保护主义:《斯穆特-霍利关税法案》与大萧条/(美)道格拉斯·A.欧文(Douglas A. Irwin)著;阿德莱德·朱莹(Adelaide Ying Zhu)译. —上海:上海财经大学出版社,2022.10

(贸易·政治·全球化译丛)

书名原文:Peddling Protectionism:Smoot-Hawley and the Great depression

ISBN 978-7-5642-3803-2/F·3803

Ⅰ.①四… Ⅱ.①道…②阿… Ⅲ.①贸易保护-研究-美国 Ⅳ.①F757.120.2

中国版本图书馆 CIP 数据核字(2022)第 158322 号

图字:09-2021-0413 号

Peddling Protectionism

Smoot-Hawley and the Great Depression

Douglas A. Irwin

□ 责任编辑 李成军

□ 封面设计 贺加贝

四处贩卖的贸易保护主义

——《斯穆特-霍利关税法案》与大萧条

[美] 道格拉斯·A.欧文(Douglas A. Irwin) 著

阿德莱德·朱莹(Adelaide Ying Zhu) 译

上海财经大学出版社出版发行

(上海市中山北一路 369 号 邮编 200083)

网 址:http://www.sufep.com

电子邮箱:webmaster @ sufep.com

全国新华书店经销

上海华业装璜印刷厂印刷装订

2022 年 10 月第 1 版 2022 年 10 月第 1 次印刷

710mm×1000mm 1/16 11.5 印张(插页:3) 169 千字

定价:59.00 元

总　序

如果说2019年是“黑天鹅”事件频出之年，那么，“黑天鹅”与“灰犀牛”齐舞的2020年，可以说是极其不平凡的一年。这一年中，新冠疫情全球大流行，进一步加剧世界经济复苏乏力、收入不平等、增长不确定和不稳定等“老生常谈”的问题。这场疫情对跨地区、跨区域布局的全球产业链产业安全产生了严重冲击，特别是正值选举年的美国，贸易摩擦已经沦为政治选举的工具，美国单方面发起的贸易保护主义行径，已经从关税保护措施跃升至管制技术出口、封杀诋毁外企和限制留学签证，全球保护主义蔓延势头不断上升。与此同时，全球累积的地缘政治风险已经在中东、西亚等地区引发了多次局部性军事冲突，从美伊冲突、土俄在利比亚和叙利亚的角力到印度与巴基斯坦的克什米尔冲突、阿塞拜疆与亚美尼亚的纳卡冲突等，进一步加剧了区域和平发展的不确定性。

可以说，我们正处在一个愈发不确定、不稳定的时代，全球处于百年未有之大变局中，世界进入动荡变革期。第二次世界大战后美国主导的世界经贸规则体系，是世界和平稳定、经济繁荣发展以及全球经济一体化的重要保障机制和驱动力。但从世界经济发展和全球化趋势看，2008年金融危机以来全球政治经济格局出现显著的调整趋势，涌现出“逆全球化”思潮和贸易保护主义，现有规则体系中的矛盾逐渐累积放大，全球化发展已经陷入前所未有的调整和矛盾。

从更深层次来看，当前世界经济的不确定性和不稳定性来源于以下四大冲击：

第一大冲击来自2019年末暴发并蔓延至全球的新冠疫情。突如其来的新冠疫情在全球蔓延，以极高的传染性使其成为首个真正意义上的“全球化疫情”。在全球化发展深陷泥潭的背景下，新冠疫情阻碍了社会经济活动的正常运行，也进一步影响了国际经贸合作的正常开展，对全球经贸一体化造成了结构性深层次的冲击。同时，新冠疫情还造成了产业安全维度的冲击，包括跨国企业产业链全球布局模式、供应链产业安全等受到空前挑战，航空、旅游等高度依赖外部市场的行业受到外需急剧下降的严重冲击，要素流动严重受阻。此外，新冠疫情还可能对社会经济发展模式产生深远的影响。基于互联网的经济模式以及机器自动化产业在此次疫情期间得到了快速发展，在潜移默化中改变了部分行业乃至社会的运作模式，可能对传统的经济活动方式和就业结构产生长期甚至具有变革意义的影响。

第二大冲击来源于单边及保护主义对全球经贸治理体系的冲击。经验和理论都表明，全球经济一体化是不可避免的发展趋势。但是，受制于全球化本身的结构性不平衡以及由此带来的各种保护主义思潮阻碍了全球化自身的健康发展，第二次世界大战以来建立的现有国际经贸治理体系不断受到挑战与质疑。将“美国优先”作为宗旨的美国特朗普政府，将单边保护主义和民粹主义演绎到极致，从退出《巴黎气候协定》到阻挠世贸组织争端解决机构的正常运作，甚至退出世界卫生组织，这种破而不立的方式显然不利于现有全球治理体系发挥其功能，对全球经贸规则的重构也不会带来任何积极意义。即使美国大选后可能跳出单边主义路线，西方国家中普遍存在的保护主义思潮同样也值得关注。中国等新兴市场经济体通过融入国际分工体系和经济全球化得以快速崛起，这导致新兴经济体的利益诉求、国际地位、权利和义务等发生了重要变化，与发达经济体之间的合作关系和地位也发生了深层次变化。如果发达经济体坚持用保护主义来应对这种格局变化，不仅不利于缓解当前国际治理体系中的南北矛盾，也不利于全球经贸合作的进一步深化。

第三大冲击是中美经贸冲突对全球产业链和分工体系的冲击。美中两国作为全球最大的两大经济体和贸易实体，是全球经贸繁荣和稳定增长的重要压舱石。但是，在特朗普上台后，美国对华政策已经逐渐从特定进口产品的惩罚性关税扩大至惩罚性关税清单，并不断升级至高科技产品出口禁令和恶意抹黑打压中国企业等全方位措施。中美贸易摩擦逐渐转变为中美经贸冲突，对双方乃至区域和全球的经济、贸易和产业发展造成了极大冲击。美国试图切割、孤立早已同全球产业链深度融合的中国，这不仅提高了全球产业链的运营成本，而且其政策的不确定性对产业安全构成了实质冲击。

第四大冲击是政治军事冲突对区域发展条件造成的冲击。区域和全球和平发展始终是区域经贸发展的重要条件，但近年来不断涌现的政治对立和军事冲突事件对其产生了巨大影响。自 2019 年以来，先后爆发了巴勒斯坦和以色列的加沙地带冲突、印度和巴基斯坦的克什米尔冲突、土耳其先后出兵叙利亚和利比亚、土耳其和希腊的边境冲突、阿塞拜疆和亚美尼亚之间爆发的纳卡冲突等一系列军事冲突。政治军事冲突在西亚和南亚地区呈现出常态化的发展态势，地缘政治正逐渐取代区域经济一体化的地位，这既不利于地区的和平稳定，也不利于区域经济一体化发展。

上述四大冲击不仅反映出如今世界经济发展态势和国际治理体系面临的高度不确定性和不稳定性，也深刻反映出我们正处于世界百年未有之大变局中。从本质上看，国际外部环境的百年未有之大变局体现在，发展中经济体已经更多参与到世界治理体系之中，并由此导致国际政治格局产生变化。对百年未有之大变局，我们有以下几大问题值得关注：

一是全球增长问题。新冠疫情迫使我们深入思考世界经济的增长问题，因为全球化发展难以进一步深化，世界经济已经陷入“长期停滞格局”；新冠疫情对世界经济和全球需求产生短期冲击，以及新冠疫情模式下新技术、新业态将对全球产业结构和产业链造成中长期冲击。同时，2008 年以来各国为应对全球金融危机而普遍采用的货币、财政双宽松的非常态货币政策刺激，在造成全球房地产、股市等资产价格高速膨胀的同时，对经济增长的边际激励效应已呈现出明显的疲软态势。是应当维持非常态货币政策，还是返回常态货币政策，抑或探索其他政策工具？此外，“逆全球化”思潮也是研究全球增长问题不可回避的问题。主流经济学理论可以推定，经济全球化本身体现的国际分工深化、自由贸易发展、全球技术进步和生产力发展，通过市场的相互开放使得各方实现利益最大化。但是在现实中，推动全球化的主体主要来源于发达经济体的跨国企业，而反对全球化的声音也此起彼伏。全球化发展中出现的不同生产要素在国际分工中的收益存在巨大差异问题日益突出；而且，全球化发展中也存在产业转移导致的产业空心化、失业加剧和世界经济层面的“储蓄-消费”结构性失衡问题。这些问题都是全球化进一步深化亟待解决的问题。

二是不平等问题。在现有国际经贸规则体制的有效作用下，随着全球经济的发展，收入不平等问题在全球范围普遍存在，而且呈现加剧的可能。一方面，各经济体间收入不平等的问题愈发突出。虽然以中国为代表的新兴经济体在全球一体化进程中取得了高速发展的经济成就，但是在剔除中国等少数发展中经济体后，大多数发展中经济体与发达经济体的经济发展差距呈现出进一步拉大的趋势。这不仅是因为发展中经济体难以顺利融入全球化一体化发展进程，还因为当前国际治理体系下，发展中经济体缺乏基础设施建设等公共产品，难以跨越“马尔萨斯陷阱”以及所谓的“中等收入陷阱”。另一方面，经济体内部的收入差距扩大也是值得关注的问题。正如法国经济学家托马斯·皮凯蒂在《21世纪资本论》中所论证的，自由市场经济在财富分配不平等问题上存在市场失灵，较高的资本回报率导致贫富差距的扩大，可能导致一系列社会问题以及长期经济增长难以为继。

三是全球化趋势问题。第二次世界大战以来，以中国-西亚-美欧为核心的全球生产中心、全球能源中心、全球消费中心的“三角稳态格局”开始被打破，全球供应链、产业链、价值链面临重构。一方面，即便美国政权更迭后放弃单边主义，美欧等西方经济体已经愈发重视国内产业空心化和失业问题，由此导致部分产业回归成为必然趋势。而中国等新兴经济体的企业为提高自身在全球价值链中的地位和扩大市场，扩大对外投资以及参与全球资源要素配置势在必行，将调整当前由发达经济体跨国公司主导的全球产业链的布局结构。另一方面，中国等新兴经济体的收入水平上升，带动了国内消费市场规模的扩大，这将对美欧国内需求市场疲软起到一定的补充作用，进而形成以发展中经济体内需市场为核心的区域性经贸一体化新格局。

四是国际经贸规则问题。数十年来，以 GATT/WTO 为代表的多边贸易体制面临多方面的挑战。多边体制的多数谈判停滞不前，拉大了现有多边经贸规则体系与现代全球经贸模式之间的差距。在发达经济体和发展中经济体谈判矛盾无法调和的情况下，多边体制"协商一致"的原则被认为缺乏必要的政策灵活性。在普遍认同国际经贸规则急需改革的背景下，如何改革便成为十分突出的问题。"协商一致"是否有必要妥协和修改？是放任更具灵活性的双边和区域贸易体制，还是通过多边体制"曲线救国"？与此同时，美国在部分双边贸易协定中设置的"毒丸条款"体现出极大的负外部性。此外，在互联网、大数据等新科技快速发展的背景下，数字贸易已经成为不可忽视的重要经贸模式，特别是科技企业往往体现出较强的垄断性和产业边界模糊性，对现有监管模式和监管政策也提出了严峻的挑战。

五是全球经济治理问题。第二次世界大战以来的现有全球治理体制主要由发达经济体主导，但是在经济发展和科技进步等因素下，该体制存在问题和缺陷是发达和发展中经济体的共识。但是，各方对于如何解决这些问题缺乏共识。国际经贸规则需要的究竟是重构还是修正？同时，对于以中国为代表的发展中大国的崛起，如何避免陷入"修昔底德陷阱"和"金德尔伯格陷阱"，是当前各界亟待破解的问题。

这五大世界经济问题是全球性问题，既需要我们开展全面深入的前瞻性、战略性思考和研究，也需要我们放眼全球，分析和借鉴海内外优秀学者的最新研究成果，发挥他山之石的启迪和作用。

也正因为如此，由上海财经大学出版社选编出版此套"贸易·政治·全球化译丛"。译丛共包含八本著作，大致分为三个领域，分别是世界贸易体系研究、美国贸易政策研究和自由贸易思想史研究。

《世界贸易体系中的政治经济学：WTO 及未来》（原书第三版）是兼具通识

性和专业性的专著。作者用严谨的逻辑和翔实的资料，系统论述了当前世界贸易体系制度设计的历史背景、经济学原理和内外政治因素。例如，自世贸组织成立以来，国际贸易体系呈现亦步亦趋的发展形势。该书始终将以 WTO 为代表的多边贸易体制作为核心，不仅详细梳理了其谈判历程和背后政治格局，而且着重分析了该机构作为各贸易经济体协商贸易政策的重要平台作用。对于区域贸易等当前全球化所面临的诸多问题与挑战，作者也予以客观介绍和理性探讨。这有助于读者更好地判断未来世界贸易体系的发展趋势。

继创造"资产负债表衰退"概念之后，辜朝明在《大衰退年代：宏观经济学的另一半与全球化的宿命》中再次提出了全新概念——"被追赶经济体"。有别于"马尔萨斯陷阱""中等收入陷阱"等聚焦发展中经济体发展问题，本书以全新的理论分析当今发达经济体出现的经济增长停滞和收入不平等问题，可以理解为高收入水平阶段发展陷阱的研究力作。作为日本著名的经济学家，作者对当前发达经济体所面临的经济与政治困境的核心驱动因素做出界定，并试图跳出当前财政、货币双宽松的发展思路，提出可行的发展思路，体现了其敏锐的洞察力和思想力。

《军费、贸易和大国竞争》是本译丛中唯一一部专注于第一次世界大战前国际经贸体系研究的著作。作者将军事冲突和国际贸易的关系作为研究对象，是国际贸易领域中较为冷门的选题，对国际贸易和国际政治领域研究起到了重要的补充作用。尤其是，作者建立大国关系估计模型，从军事力量与商业合作的角度研究大国之间的竞争合作关系，研究角度新颖且具有创新性。同时，联想到当下复杂的国际形势，不禁令人引发对国际和平局势和趋势变化的遐想。

《国强国富：第二个千年的贸易、战争和世界经济》是一部经济史巨著。作者引用了大量的当代经济学研究成果和经验证据，系统分析了过去一千年以来重大历史事件对国际贸易和地缘政治格局的影响，以及贸易、殖民地在西方世界的崛起及其在现代经济增长进程中发挥的作用，有助于读者更好地理解当今世界经济体制。本书从历史的角度，诠释过去一千年来世界各区域的贸易模式及其演进、全球范围的长期经济和政治发展趋势，以及这两者之间的相互作用。

相比众多传统国际贸易和世界经济研究著作，本书的侧重点放在区域经济和地缘政治上。这不仅体现在作者将世界七大区域作为研究单元，而且体现在作者强调地缘政治与国际贸易互为因果的关系。此外，作者还突出分析了军事在国际贸易中的作用。

《四处贩卖的保护主义：〈斯穆特-霍利关税法案〉与大萧条》一书只有四个章节的篇幅，却对《斯穆特-霍利关税法案》的前因后果做出了权威描述。这部被誉为美国史上最臭名昭著的法案，通常被认为是引发 20 世纪 30 年代大萧条和第二次世界大战前世界贸易秩序崩溃的导火索，也是国际贸易学者热衷于引用的经典反例。作者首次全面阐述了该法案背后的美国政治背景以及后续引发的经济后果、国际反响和遗留问题。本书的意义不仅在于警示贸易保护主义在历史上所造成的全球性损害，还在于帮助读者更好地理解美国贸易保护主义思想背后的政治和经济背景。此外，作者撰写了新版序言，其中的故事可以视为如今美国政府再兴单边贸易保护主义政策的宝贵教训。

《国家财富：美国贸易政治史》是一本系统研究美国贸易政策及贸易政策背后政治因素的著作，具有很强的学术性和可读性。作者将美国的贸易政策发展脉络分为三个重要阶段，分别是美国贸易保护主义的兴衰、自由经济秩序的建立以及贸易保护主义的复活。本书还选取美国历史上具有转折意义的历史人物，生动刻画出美国贸易政策转变的政治背景和政治决定因素，以便读者更深入地理解美国政治与贸易政策的关系。

《美国贸易政策变局》一书则专注于目前美国最重要的区域贸易安排——《北美自由贸易协定》。相比其他侧重于政府利益角度的研究，作者利用大量档案材料和数据，着重分析了工会、环境活动家等美国社会政治团体对该协定产生的影响，有助于读者更全面地了解不同利益团体在国际贸易政策中扮演的角色。本书有助于读者更好地理解在《北美自由贸易协定》中纳入劳动和环境保护等条款的政治因素，也有助于理解民间组织在制定国家政策方面的作用。

《自由贸易思想史》对自由贸易思想史的梳理具有重要的学术价值和借鉴意义。其学术价值不仅在于梳理出自由贸易学说的发展脉络，而且在于整理和对比主要贸易保护理论，从侧面对自由贸易学说的必要性、严谨性、可行性进行了支撑性论述。这有助于我们加深理解自由贸易的理念和意义，也有助于进一步理解为何中国始终坚持对外开放原则和高举自由贸易旗帜。

本套译丛无论是专题的编排还是书目的挑选，都体现出上海财经大学出版社的用心良苦和高瞻远瞩。一方面，译丛所选著作均出自国际顶尖学府的著名经济学家之手，书目的内容体现出极高的学术权威性，其中一本著作更是荣获ASA 2019 年“查尔斯·蒂利杰出图书奖”(Charles Tilly Distinguished Book Award)。另一方面，本套译丛包含了翔实的资料和夯实的数据，十分有利于读者全面和系统地掌握世界经济的发展历史。同时，本套译丛突出了世界经济研究中政治经济学和国际政治研究的地位，顺应了当前全球化发展进程中政治要素影响愈发突出的趋势，有利于国内读者更好地理解国际经贸发展的态势。

本套译丛的翻译和出版工作具有重要的现实意义和学术价值。在面对百年未有之大变局之际，通过前瞻性分析、经贸史学研究等方法，我们可以更加深入理解之前百年的格局，更有助于正确掌握事物变化的客观规律，准确判断未来百年的世界变局。特别是如今经济全球化发展中愈发突出国际政治因素介入的影响，对世界经济的研究已经脱离不了从国际政治角度的研究。同时，译丛中多本译著为国内读者提供了全面而系统的美国政治资料，有助于国内学界更好地把握美国贸易政策变动的趋势。

权　衡

于上海市淮海中路六二二弄

2020 年 12 月

本书平装版序

当2011年《四处贩卖的贸易保护主义》首次出版发行时，美国正从自大萧条以来最糟糕的经济危机中缓慢复苏。这两段历史的相似是显而易见的：两次危机都始于股票市场的崩盘，银行资不抵债，进而导致金融危机，以及紧随其后的经济衰退，生产下降和失业率猛增。如大萧条一样，新的经济危机并未局限在美国，而是很快波及全世界，随之而来的是世界贸易的急剧紧缩。2008年的经济危机和2009年的大衰退重新引发了人们对历史上大萧条和20世纪30年代的经济政策（以及政治失误）的兴趣，也就不足为奇了。①

人们最大的担忧是，随着全球经济自由落体式的下滑，各个国家也许会像20世纪30年代那样，采取贸易保护主义政策。在大萧条时期，各国限制进口，孤注一掷地努力使自己国家的经济不受经济衰退的影响。这样的政策导致世界贸易的大幅度下降：1929年到1932年，世界贸易下降了25%，而这其中的一半要归结于高贸易壁垒，结果这些限制措施最终拖垮了世界经济，成为贸易政策的灾难。②

前车可鉴，这个世界是否会重蹈覆辙？还难以预测。就在此书出版之际，经济复苏仍旧是脆弱的，贸易政策的结果也是不确定的。斯穆特和霍利的名字

---

① 关于两次危机的各种比较的概括，参见 Barry Eichengreen, *Hall of Mirror: The Great Depression, the Great Recession, and the Uses and Misuses of History* (New York: Oxford University Press, 2015)。

② Douglas A Irwin, *Trade Policy Disaster: Lessons from the 1930s* (Cambridge: MIT University Press, 2012).

经常被人们作为保护主义危险的警示而提及。正如读者将在本书中看到的，里德·斯穆特(Reed Smoot)是犹他州的共和党参议员，而威尔斯·霍利(Willis Hawley)是俄勒冈州的共和党众议员。两人一起制定了1930年《关税法案》(Tariff Act)，通过这项法案，美国增加了进口关税，而那时正值世界进入大萧条时期。《斯穆特-霍利关税法案》(The Smoot-Hawley Tariff Act)已经作为政府应对经济危机中乱作为的典型载入史册。这本书试图解析如此重大的政策失误是怎么形成的。

幸运的是，应对2008—2009年的危机所出台的经济政策与20世纪30年代的大不相同。现在各国央行追求一种更为扩张的政策，包括降息和向面临财务困境的银行大举放贷，而在大萧条时期，金本位限制了各国央行执行宽松货币政策的能力。并且，现在许多国家的政府制定了大规模的，甚至有时是有争议的激励项目以增加经济支出，而在20世纪30年代各国政府对使用财政政策作为稳定经济的手段保持警惕。就我们所知，针对这次危机目前各国没有采取贸易保护政策，全球贸易战并没有爆发。①

与大萧条时期相比，应对此次危机的货币政策在阻止经济下滑和启动经济复苏方面被证明是有效的。这反映在两个时间段的进口贸易额上。如图I.1显示，同样是在危机刚刚开始的阶段，比照1929年年底到1930年年初，2008年年底到2009年年初这段时间美国进口额下降得更快。然而，到了2009年年中，在经济收缩开始不到一年的时间，进口额开始反弹回升，而在大萧条时期，进口额是继续下降的，并且持续了三年。

很明显，在吸取了过去的历史教训之后，决策者们都避免了那种灾难性的后果，全球经济逐渐恢复，世界贸易保持在一种开放的状态，并且开始扩张(尽管其速度缓慢)，人们害怕回到斯穆特和霍利时代的担忧渐渐消退。于是，读者也许认为，这本书好像是讲述一个与当代无关的历史事件。

但是，接下来是2016年的美国总统大选。

---

① 据一项研究显示，在2009年世界贸易下降了12%，而这其中只有0.02%归结于贸易保护主义；参见Hiau Kooi Kee, Cristina Neagu and Alessandro Nicita, "Is Protectionism on the Rise? Assessing National Trade Policies during the Crisis of 2008", *Review of Economics and Statistics* 95(March 2013):342—346。

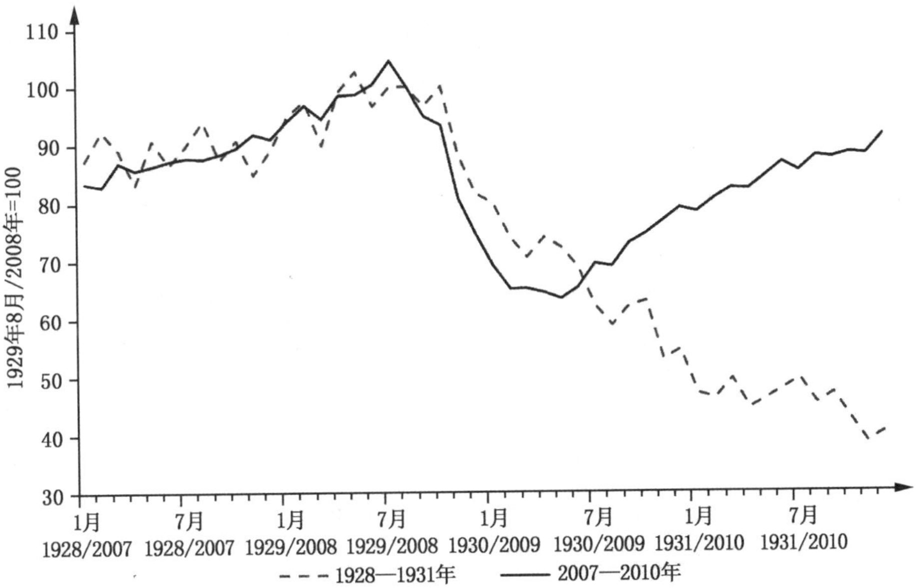

资料来源：1928—1932 年的数据来自《1936 年商业统计数据增刊》(Business Statistics 1936, Annual Supplement)的《时代商业调查》(Survey of Current Business)：65－66；2007—2010 的数据来自网站：http://www.bea.gov/newsreleases/intentional/trade/trad_time_series.xls。

图 I.1　1928 年至 1931 年与 2007 年至 2010 年美国每月进口额比较

2016 年的时候，经济的恢复已经取得了长足的进步。贸易政策似乎不太可能成为一个主要的竞选议题，直到总统巴拉克·奥巴马(Barack Obama)最终敲定一项涉及约 12 个环太平洋国家的大型区域贸易协定——《跨太平洋伙伴关系协定》(Trans-Pacific Partnership Agreement, TPP)。这一举动把贸易政策引入政治竞选活动。[正如这本书所描述的，贸易政策和总统竞选可以成为一种很危险的结合：《斯穆特-霍利关税法案》就是起源于 1928 年共和党的赫伯特·胡佛(Herbert Hoover)和民主党的阿尔弗雷德·史密斯(Alfred Smith)的总统竞选。]

在 2016 年的竞选活动中，民主党的伯尼·桑德斯(Bernie Sanders)猛烈抨击《跨太平洋伙伴关系协定》，称其对企业有利而对工人不利，将民主党的候选人希拉里·克林顿(Hilary Clinton)也推到了对立面。尽管共和党通常是支持

《跨太平洋伙伴关系协定》的，然而此时一名政治素人唐纳德·特朗普（Donald Trump）打着几十年来未见过的经济民粹主义的旗帜加入了这场竞争。唐纳德·特朗普公开强烈地指责贸易协定[如《北美自由贸易协定》（North American Free Trade Agreement，NAFTA）]对于美国工人来说就是灾难，并指责这些协定导致美国的产业工人失去工作。特朗普不仅发誓要取消诸如《跨太平洋伙伴关系协定》这样的协定，而且威胁要对来自中国的进口产品加征45%的关税，并要对那些把生产转移到墨西哥的美国公司的产品征收35%的税。①

鉴于特朗普在竞选中许多离谱的誓言，没有人相信他会获得共和党的提名或赢得大选。正如那句俏皮话所说，特朗普的支持者对于特朗普是认真的并非说说而已，而媒体和专家对于特朗普只是说说而已并非当真。然而，让大多数观察家惊讶的是，特朗普当选了。他很快向人们证明对于特朗普，人们应该既要认真也要说说，即要认真地说说。

在其就职演说中，特朗普为人们描绘了贸易是怎样摧毁美国经济的凄惨画面："工厂接二连三地关闭了并迁移至他国，弃几百万美国工人于不顾。美国中产阶级的家庭财富被剥夺，在全世界范围内再分配。"特朗普承诺"每一项关于贸易、税收、移民和外交上的决定，都会基于'美国优先'的考量，都将是为了美国工人和美国家庭的利益而做出。我们将保护美国国土，不被那些制造我们产品、偷走我们公司、毁掉我们工作的国家掠夺。保护主义将带来国家繁荣和国力强盛"。②

入主白宫伊始，特朗普总统就把美国拉出《跨太平洋伙伴关系协定》，并说要重谈《北美自由贸易协定》。美国政府曾考虑征收边境调节税并将其作为企业税收改革的一部分，这是一个对进口商品征收跨境关税的举措。③ 美国商务

---

① 虽然很难知道这些准确数字的来源，但是可以知道45%是根据2005年前后人民币贬值后的粗略估算得来的，而35%则是特朗普坚信应该对向美国销售产品的外国公司征收的企业税的税率。

② 特朗普就职演说的全文参见CNN网站：www.cnn.com/2017/01/20/politics/trump-inaugural-address。

③ 所提议的改革是对在美国销售产品的公司征税，而不是向那些在美国生产产品的公司征税，并且征税是针对所有的进口产品，不包括出口产品。因此，既然边境税并不偏袒美国产品生产商，而只是确保对所有在美国市场上的销售商征收同样的税，那么这不是贸易保护主义。但是许多人担心，这一改革也许旨在让美国国内的生产商获得优势，由此可能会在世贸组织引起他国投诉。

部还启动了一项针对钢铁进口的调查，理由是这些进口有可能危及国家安全。随后，当长期的关于软木材的贸易争端再次呈现的时候，美国与加拿大的贸易紧张关系也升级了。但是特朗普总统甚至准备以宣布美国退出《北美自由贸易协定》来纪念他上任 100 天。当时，内阁官员、国会议员、企业高管以及加拿大和墨西哥的领导人积极调停劝阻，说服他继续重新谈判。①

当人们意识到特朗普在贸易问题上宣称“持强硬态度”是认真的之后，其他国家担心美国政府可能开始设置贸易壁垒并推翻美国 70 年来对开放世界贸易体系的承诺。② 鉴于“保护主义的压力”，世界银行降低了 2017 年的世界经济增长预期。③

特朗普的当选和随后的事态发展重新激起了人们对《斯穆特-霍利关税法案》的兴趣。图 I. 2 显示，2000 年到 2007 年，报纸提及《斯穆特-霍利关税法案》的数量是平稳的，到了 2008 年至 2009 年危机期间，这一数量猛增，而后在 2010 年回落，但是到了 2016 年大选期间又重新升高，直至 2017 年早些时候。

这些文章通常是讨论《斯穆特-霍利关税法案》的主要教训：如果美国关闭其市场，那么其他国家必将报复。如本书第三章叙述了当年《斯穆特-霍利关税法案》招致美国最大的贸易伙伴国加拿大的直接反应，即加拿大当时针对性地对美国产品施加了关税。不必怀疑，同样的事情今天一样会发生。在 2017 年，加拿大主要报纸的一项民意调查显示，如果特朗普政府对加拿大出口美国的产品施加新的关税，58%的加拿大人将支持开始贸易战。④ 墨西哥也开始准备应对美国可能做出的威胁墨西哥出口的任何行动，例如不购买美国的玉米而改换

---

① Binyamin Appelbaum and Glenn Thrush,“Trump's Day of Hardball and Confusion on NAFTA”, New York Times_ Website, www. nytimes. com/2017/04/27/us/politics/trump-says-he-will-renegotiate-nafta-or-terminate-it. html.

② 分析参见 Douglas A Irwin,“The False Promise of Protectionism:Why Trump's Trade Policy Could Backfire”,*Foreign Affairs* 96 (May/June 2017):45—56。

③ World Bank Cuts Growth Forecast, Cites “Protectionist Pressures” on the CNN Money Website www. money. cnn. com/2017/01/10/news/economy/world-bank-growth-downgrade-trump.

④ Robert Fife and Adrien Morrow *“Canadians Want Trudeau to Stand Up to Trump, Even if it Leads to a Trade War:Poll” Globe and Mail, 7 February* 2017;Accessed at http://www. theglobeandmail. com/news/politics/canadians-want-trudeau-to-stand-up-to-trump-even-if-it-leads-to-trade-war-poll/article33948451.

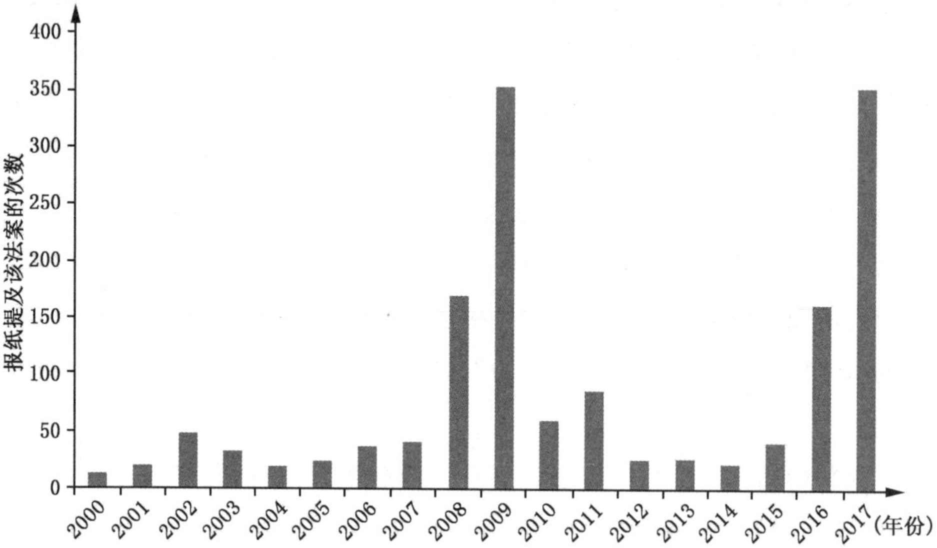

注：该统计仅限于对报纸的统计。另外2017年的数据是以第一季度三个月作为平均值。
资料来源：《词汇与新闻数据库》(Lexis-Nexis Database)。

图 I.2　报纸提及《斯穆特-霍利关税法案》的次数

其他供应国。

对于今天的政策决策者来说，另一个可以借鉴的教训是必须意识到贸易战中没有赢家。保护主义催生保护主义，因为一个国家的进口就是另一个国家的出口，高贸易壁垒对所有相关方都是有害的。而且，今天的贸易战的结果可能对美国的危害程度更大。目前美国的产品和服务出口占美国GDP的13%，而在20世纪20年代这一数字约为5%。

除了经济影响，《斯穆特-霍利关税法案》还导致政治后果。美国的关税惹得其他国家的民族主义政治抬头。在加拿大，它促成了亲英、亲保护主义的保守党的当选，加拿大的保守党政府对美国进行了更猛烈的反击。目前类似的情况表明，特朗普政府的做法已经点燃了其他国家的民族主义情绪，在墨西哥，美国的贸易威胁提升了反美政客的人气。贸易关系紧张导致墨西哥质疑墨美两国在移民、惩治贩毒、国家安全以及其他双方所关心的问题上双边合作的意义和价值。

今天的情况与20世纪30年代相比有一个重要的不同。在当时，国会负责制定进口关税，总统发挥的作用比较小，并且无权对其他国家的产品施加关税。然而，本书第四章注意到，《斯穆特-霍利关税法案》是国会最后一次依照法律制定关税税率，很快它就开始将制定贸易政策的权力授权给总统。从那以后，总统对贸易政策的制定和实施有巨大的权力。通常总统是通过贸易协定（如《北美自由贸易协定》）和国际机构（如世贸组织）降低贸易壁垒。[①] 尽管他们有时候会利用自己的权力限制从某些国家进口某些产品，但是这些措施通常只影响美国贸易极小的一部分。[②]

总统对进口商品征收较高的跨境关税只有一个例子，即1971年8月，理查德·尼克松(Richard Nixon)总统下令对进口商品征收10%的进口附加税。附加税的征收并不是出于保护主义目的，而是为了说服其他国家在汇率固定的情况下重新评估其货币与美元的兑换价值。使用这一招给其他国家施加压力以解决汇率问题，进口产品附加税只执行了5个月的时间，汇率争端就解决了。[③]

特朗普总统是否最终会兑现退出《北美自由贸易协定》，还是会对中国商品征收高额关税，从而引发贸易战？其实，总统的一些幕僚知道这一举措的风险，他们深知《斯穆特-霍利关税法案》的前车之鉴。在总统参议院听证会上，商务部部长威尔伯·罗斯(Wilbur Ross)宣称"关税在纠正某些不适当的做法上发

---

① 关于美国贸易政策在这方面改变的原因，参见 Douglas A Irwin，*Clashing over Commerce*：*A History of U.S. Trade Policy*(Chicago：University of Chicago Press，2017)。

② 给予总统征收关税权的美国贸易法案的条款包括1962年《贸易扩张法案》(Trade Expansion Act)的第232条(b)款，这一条款规定，如果进口产品对美国国家安全有负面影响，法律允许美国总统征收关税或实施配额。甚至从广义上说，1977年《国际紧急经济权力法案》(International Emergency Economic Powers Act)规定，一旦出现国家紧急状况时，就给予总统无限权力以便规范所有的国际交易，而总统有宣布是否为紧急状况的自由裁量权。进一步内容可以参见 Gary C. Hufbauer，"*Could a President Trump Shackles Imports?*" *In Assessing Trade Agenda in the US Presidential Campaign*，Washington，DC：Peterson Institute for International Economics，September 2016. piie. com/publications/piie-briefings/assessing-trade-agendas-us-presidential-campaign。

③ 进一步可以参考 Douglas A Irwin，"*The Nixon Shock after* 40 *years*：The Import Surcharge Revisited"，*World Trade Review* 12 (January 2013)：29－66。注：在尼克松实施10%的进口附加税不久，发达国家实行浮动汇率制。而后，在1974年《贸易法案》里，国会授予总统一项权力，当美国经历大规模的严重的国际收支逆差时，总统可以颁布实施对一个或者多个国家征收最高可以达150天15%的附加税。不过，此项权力从未被使用。

挥一定的作用，而且作为谈判工具也很有用”。但是，他补充道：“我非常清楚《斯穆特-霍利关税法案》对于贸易，特别是对于我们的贸易的影响。毋庸置疑，我们可以从历史上获得教训，知道这个方法没有发挥好的作用，过去没有，现在也不会有。”①

另外，特朗普总统选择的美国贸易代表罗伯特·莱特希泽(Robert Lighthizer)可能有不同的看法，他哀叹：“共和党人已经成为自由贸易的政党，不再是《斯穆特-霍利关税法案》时代那些老牌的保护主义者。”他还攻击自由贸易者的乌托邦梦和他们的象牙塔理论，指责他们完全无视活生生的现实。他也抱怨全球化官僚主义者屈从于世贸组织中的反美官僚主义。② 另外，总统的国家贸易委员会(National Trade Council)主任彼得·纳瓦罗(Peter Navarro)不仅强烈批评这个国家的贸易赤字，而且对生产的外包感到遗憾，并建议将全球的供应链带回美国。③ 这些顾问可能促使美国总统采取更强硬的贸易政策，其中包括限制进口。

如第四章所述，美国历任总统常会援引斯穆特和霍利的名字警告国会提高贸易壁垒的危险。现在角色调换了，国会通过提醒20世纪30年代所发生的事情警告特朗普的政府班子贸易保护主义的危险。例如，亚利桑那州的国会议员约翰·麦凯恩(John McCain)就指出：“特朗普政府班子提出的直接针对墨西哥的贸易威胁将很容易导致墨西哥民众选举左翼的反美人士为总统。”麦凯恩说：“提高贸易壁垒的想法，可以追溯到20世纪30年代。”“我简直不敢相信，特朗普的顾问们在某种程度上认为我们开始对跨境产品征税，而墨西哥在某种程度上不会对这些举措有任何反应。请注意！历史告诉我们你只要这么做就会卷入贸易战。”

麦凯恩不屑地总结道：“我觉得斯穆特先生和霍利先生正在某处看着这一

① *Senators Question Wilbur Ross on Tariffs*, *Business Record*, wwd.com/business-news/government-trade/senators-question-wilbur-ross-on-tariff-business-record-10755416.

② Robert Lighthizer “*Grand Old Protectionists*”, *New York Times*, 6 March 2008. http://www.nytimes.com/2008/03/06/opinion/06lighthizer.html.

③ 特朗普的首席贸易顾问谴责德国操纵汇率，*Financial Times*, www.ft.com/content/57f104d2-e742-11e6-893c-082c54a7f539。

切得意地笑呢。”①

只有时间才能告诉我们特朗普政府要把美国的贸易政策带向何方，并且其他国家将做出怎样的反应。但是，无论特朗普政府选择哪条道路，他必须意识到：斯穆特和霍利的那一段历史对于所有贸易政策制定者来说都是永恒的教训，也是对以经济民主主义为幌子的贸易保护主义的警告。

道格拉斯·A. 欧文
2017 年 5 月

① Robert Draper, Trump vs. Congress: Now What? *New York Times Magazine*, March 26, 2017, www.nytimes.com/2017/03/26/magazine/trump-vs-congress-now-what.html? _r=1.

目　录

引 言

1993 年 11 月 9 日，当时的美国副总统阿尔·戈尔（Al Gore）与得克萨斯州亿万富翁、前总统候选人罗斯·佩罗（Ross Perot）在美国有线电视新闻网的《拉里·金直播》（Larry King Live）节目中就备受争议的《北美自由贸易协定》进行了辩论。佩罗直言不讳地批评这项协定，声称《北美自由贸易协定》将导致美国就业机会大量流失到墨西哥。戈尔代表当时的克林顿政府为该协定辩护，推动还在迟疑不决的国会批准该协定。

在辩论开始的几分钟，佩罗不以为然地说，对从墨西哥进口的商品征收"社会关税"，可以抵消墨西哥较低工资的影响。戈尔即刻反击，并拿出斯穆特和霍利两个人的照片。他说："这就是斯穆特先生和霍利先生，他们仪表堂堂。"戈尔继续解释道："在 20 世纪 30 年代很多人相信了他们，他们说提高对进口商品的关税可以帮助保护美国工人。在当时他们听上去很有道理，所以国会通过了《斯穆特-霍利关税法案》。"接着，戈尔严肃地指出："许多经济学家提出这部贸易法案是当时美国和全世界大萧条的主要原因之一。"戈尔把照片交给佩罗，并告诉他："我现在把这两个人的照片镶在镜框里送给你，如果你愿意，可以挂在自己办公室的墙上。"佩罗面无表情地接过镜框并翻过来放在桌子上，并坚决地说："我们现在谈的是两个完全不同的、不相干的问题。"

那场辩论不久，国会通过了《北美自由贸易协定》。根据后来的民意调查，

注：1993 年在美国有线电视新闻网的《拉里·金直播》节目中就《北美自由贸易协定》与罗斯·佩罗辩论时，副总统阿尔·戈尔展示霍利和斯穆特的照片。

资料来源：CNN(1993)。

图 0.1

戈尔充满激情的辩论使公众舆论更倾向于支持这项协定。他对斯穆特和霍利戏剧性的引入，在那部臭名昭著的关税法案颁布 60 多年之后，让观众想起了长期存在的贸易保护主义、世界贸易崩溃和 20 世纪 30 年代的大萧条。从那以后，《斯穆特-霍利关税法案》如幽灵一般横亘在任何主张提高贸易壁垒的人的面前。就这两个人联手使得"保护"一词富含侮辱而非恭维之意。

斯穆特和霍利是何许人也？为什么他们所做的事情时隔 80 年仍然让我们无法忘却？

里德·斯穆特是犹他州的共和党参议员，1923 年到 1933 年任参议院财政委员会主席。威尔斯·霍利是俄勒冈州共和党众议员，1928 年到 1933 年任众议院筹款委员会主席。这两个委员会负责制定关税立法，而在 1929 年到 1930

年，斯穆特和霍利让国会通过了以他们的名字命名的法案。① 1930 年 6 月 17 日，总统赫伯特·胡佛签署这一法案使之成为法律。

我们对《斯穆特-霍利关税法案》仍然记忆犹新是因为这部法案是 20 世纪国会立法中最不得人心的法案。尽管当时进口并没有大量涌入美国或者给美国经济带来巨大的麻烦，但国会还是提高了对进口商品的关税以此保护农户和加工厂免受来自国外竞争的影响。在这么做的时候，他们没有遵循任何经济逻辑或者考虑美国消费者和出口商的利益将受到这个法案的伤害。相反，他们采取了最露骨的收买人心的政治手段，以满足那些渴望限制进口贸易的特殊利益集团的要求。随后，毫不惊讶地看到，几个国家对美国以牙还牙，提高了对美国出口商品的进口关税。在世界经济即将陷入大萧条的时候，这些贸易限制开始蔓延。《斯穆特-霍利关税法案》对 20 世纪 30 年代贸易崩溃和大萧条的影响，从那时起就一直备受争议。

正如当时的一位观察家所写的，《斯穆特-霍利关税法案》“在国内和国际上引起的评论、争议和责骂，比历史上任何其他关税措施都要多”(Jones，1934：1)。大多数评论都是高度批评性的。哈佛大学的经济学家理查德·库珀(Richard Cooper，1987：291)认为：“美国总统在国际关系上犯下的最灾难性的一个错误是 1930 年 6 月胡佛签署《斯穆特-霍利关税法案》，使之成为法律。”“美国关税的急速提高，美国当局对其行动给外国人带来的影响表现出的明显的漠不关心，以及随之而来的其他国家的报复性回击，正如所威胁的那样，使得原本普通的经济低迷转为全球大萧条。”著名的英国公务员亚瑟·索尔特爵士(Sir Arthur Salter，1932：173)甚至说，《斯穆特-霍利关税法案》是“世界历史上的一个转折点”，因为它任由保护主义大行其道，而正是保护主义在 20 世纪 30 年代摧毁了世界贸易。著名的历史学家艾伦·内文斯(Allan Nevins，1950：142)赞同这一观点，即“这一法案标志着当时历史上的一个重大转折点”，他称

---

① 由于宪法规定，税收措施必须先在众议院提出，然后提交参议院，因此关税立法通常以众议院筹款委员会主席和参议院财政委员会主席的名字命名。这意味着这部立法应该被称为《霍利-斯穆特关税法案》，但是在使这部法案通过问题上，斯穆特起了很大的作用，因此当时人们习惯地称这部法案为《斯穆特-霍利关税法案》。

之为“经济民族主义不合时宜的爆发”。

一些人为斯穆特和霍利开脱，认为他们不应该为20世纪30年代初的经济灾难负责。美国国际贸易委员会前主席阿尔弗雷德·埃克斯(Alfred Eckes, 1995:139)写道：“《斯穆特-霍利关税法案》的传奇延续下来，并持续地影响着有关贸易政策的辩论，这是对日理万机的党派人士和理论家的公关技巧的肯定。”“这些党派人士和理论家成功地将这一法案的影响力小题大做了。”保守党评论家帕特·布坎南(Pat Buchanan, 1998:247, 250)指出：“对《斯穆特-霍利关税法案》的任何指控都站不住脚。较高的关税即使对贸易也只是产生了难以察觉的影响，更不用说国民经济了，对外贸易在国民经济中只占很小的一部分。”

但这些只是少数人的观点。无论怎样，斯穆特和霍利已经成为导致世界贸易崩溃和大萧条的泛滥成灾的贸易保护主义的同义词。由于围绕法案通过的争议以及随之而来的灾难，人们在讨论《斯穆特-霍利关税法案》的时候自然而然地会使用夸张的手法。在一本关于美国历史的书中，幽默作家戴夫·巴瑞(Dave Barry, 1990:116)对《斯穆特-霍利关税法案》的评论与很多人大同小异，认为该法案是“人类历史上最可怕和最具有破坏性的事件”。

斯穆特和霍利甚至成了文化偶像，他们的名字引起的共鸣远远超出了政策专家的范畴。1986年那部电影《春天不是读书天》(Ferris Bueller's Day off)里一个经典场景在某种程度上展示了《斯穆特-霍利关税法案》成为大众词汇的一部分。在电影里，演员本·斯坦(Ben Stein)扮演一名高中老师，缓慢单调地唠叨着：

> 在1930年，共和党控制了众议院，试图缓解，嗯，有人知道是什么的影响吗？有人知道吗？哦，大萧条！有人知道吗？有谁知道？关税法案，《霍利-斯穆特关税法案》，是哪一个？有人知道吗？提高还是降低？提高，为联邦政府增加收入。有效吗？有谁知道？有谁知道其效果？它没起作用，而且美国陷入了大萧条。

斯坦对典型的乏味的高中教师的刻画令人难忘，他把斯穆特和霍利介绍给了新一代年轻人。[①]

至今，总统们、国会议员们、新闻记者和经济学家对于《斯穆特-霍利关税法案》言必称教训，但这些教训是什么？你可以发现一些人说这一法案需要对全球贸易崩溃负责，或者说这与它无关。你也会发现有人宣称这一法案引起了大萧条，或者说大萧条与其无关。真相到底是什么？对于这一法案我们需要记住什么？

本书对《斯穆特-霍利关税法案》及其所引发的结果做了深入的分析研究。第一章重点关注《斯穆特-霍利关税法案》在国会通过的漫长过程以及由此引发的政治分歧。普遍的观点是国会增加关税是为了迎合特殊利益集团的要求。事实上，这部关税法案最初不是源于为了迎合那些政治上强大的、面临进口竞争的行业的要求，而是在 1928 年总统竞选期间由共和党政客为了安抚农户而提出的。法案最初提出的时候正值商业周期的最高点，而不是大萧条的中期，而且这部法案不适于支持农户，因为许多农户依赖国外市场出口他们的产品。当然，国会处理这部关税法案的方式使其与特殊集团利益的游说和互投赞成票（国会成员中相互投票赞成）联系在一起，这种看法完全正确。

第二章讨论这部法案的经济影响。普遍的看法是《斯穆特-霍利关税法案》把进口关税提高到历史最高点进一步促成了大萧条。事实上，通过立法提高关税的幅度小于人们的想象，尽管法案一生效，就成功地削减了 15％的美国进口的应纳税商品。对此所做的解释是，伴随大萧条而来的价格缩水，将关税推到了历史最高水平，从而进一步限制了贸易。而且，与副总统戈尔在那场关于《北美自由贸易协定》辩论中所持的观点相反，大多数经济历史学家不认为《斯穆特-霍利关税法案》在大萧条时期的宏观经济紧缩中起了重要作用。相反，一系列货币和财政冲击将经济推入了一个恶性循环，而这部关税法案只扮演了一个次要角色。

第三章研究了国际社会对《斯穆特-霍利关税法案》所做出的反应。普遍的

---

① 后来本·斯坦在 2007 年回忆说，屏幕上的那一段台词是即兴插入的。确实，难以想象，一名好莱坞的编剧提笔写几句关于该关税法案的那一段模糊不清的陈年往事。然而，作为杰出的经济学家赫伯特·斯坦（Herbert Stein）的儿子，他非常熟悉这一事件，所以关于这个故事的基本内容一下子就呈现在脑海中了。

看法是，这部关税法案事与愿违地引发了针对美国出口产品的报复，也激发了那些对美国持有偏见的贸易集团的扩张，对美国的商业和外交政策利益造成了长期的损害。事实上，这种观点在很大程度上是对的。尽管各国没有大张旗鼓地表示他们在报复美国所附加的关税，但是他们采取措施的性质和时机强烈表明，这是他们的主要动机。《斯穆特-霍利关税法案》实施一个月后，加拿大亲美自由党的政府在大选中败给了亲英的保守派，后者设置了贸易壁垒，旨在将加拿大的进口从美国转移到英国。其他国家也歧视美国的出口，各国在世界贸易中的份额大幅度下降。更高的食糖关税甚至在古巴引发了革命，推翻了一个对美国友好的政权。

第四章评估了《斯穆特-霍利关税法案》的后果和遗留问题。《斯穆特-霍利关税法案》给国会的贸易政策带来的坏名声一直持续到今天。制定该法案的人承诺经济增长和繁荣，但是法案通过后紧随其后的是大幅下滑的出口和经济萧条。1930 年《关税法案》，即《斯穆特-霍利关税法案》的正式名称，是最后一版由国会修订的一般关税法案。四年之后，美国国会通过授权美国总统与其他国家谈判以降低关税开启了美国贸易政策的新时代。这一政策确立了现在的体制，体现在《关税和贸易总协定》(The General Agreement of Tariffs and Trade，GATT)及后继的世界贸易组织(World Trade Organization，WTO)。然而只要贸易政策问题上升为国家的议事日程的首要问题，《斯穆特-霍利关税法案》的教训就会被继续讨论。

第一章

国内政策

为了理解《斯穆特-霍利关税法案》的形成因素，我们需要了解在 20 世纪 20 年代后期国会修订关税法案和政治力量博弈的过程。

美国《宪法》赋予国会对进口商品征税的权力。从一开始，这项权力的使用就受到争议。在整个 19 世纪，争议的焦点是征收关税是为了增加联邦政府的收入，还是为了保护国内产业不受外国竞争的影响。随着 1913 年开始征收所得税，关税不再是政府收入的主要来源。[①] 因此，国会开始使用关税来保护国内产业免受进口的影响。唯一的问题是，在为进口商品建立一个开放的市场方面，国内产业阻止外国竞争的愿望是否应该优先于消费者和出口商的利益。

面对这个问题，美国国会在贸易政策这个问题上遇到了由来已久的地域分歧。19 世纪到 20 世纪的大部分时间里，高保护性关税的支持者来自北方，那里的制造业面临来自进口的竞争。高关税的反对者来自南方，那里的棉花和烟草种植者将他们的作物出口到外国市场。而中西部的利益是复杂的。中西部

① 南北战争之后，进口关税占联邦政府收入的 50%。随着所得税的引入，进口关税占比不到政府收入的 10%。

的农户是制成品的消费者，他们希望降低工业品的关税，以促成竞争、降低价格。与此同时，他们还希望对与他们生产的产品竞争的农产品征收高额关税。

两个主要政党立场反映了这些区域差异。1930年以前，共和党人主要来自北方和中西部，主张保护主义政策，尽管有时他们不得不接受中西部的混合立场。民主党主要来自南方，他们反对高关税是鉴于对贸易限制最终会降低南方出口的考虑。因此，当共和党掌权的时候，他们就投票征收或维持高关税；而当民主党执政的时候，他们就投票降低关税。

当然，对于任何一名国会议员来说，为其投票的选民的经济利益高于党派的忠诚。如果低关税意味着允许更多的钢铁或者蔗糖进口，那么来自宾夕法尼亚州或者路易斯安那州的民主党议员则不会支持该党的低关税立场。与此相似，如果高关税意味着增加农户需要使用的产品的成本，那么来自威斯康星州或者艾奥瓦州的共和党议员则不会支持其党派的高关税立场。正如一位从南北战争结束后有着37年议员经验的来自俄亥俄州共和党的参议员约翰·舍曼(John Sherman，1895，2：1128)写道："制定一般的原则容易，但是当我们把这些原则逐条逐句地列为关税法的条款时，我们发现参议员和众议员的行为被为其投票的选民的利益所控制。"

作为一个制定制度的机构，国会倾向于高关税，这是因为两种政治影响力之间的不对称，即希望减少进口和支持不限制进口两种势力。一般而言，面临外国竞争的国内生产者在政治上积极支持限制进口，而直接或间接受到进口壁垒损害的消费者和出口商往往在政治上不积极。这种政治行动中的不对称反映出一个简单的成本效益计算：关税的好处高度集中在少数生产者身上，所以他们有强烈的动机去组织和捍卫这一政策，而关税的成本大面积分摊在众多的消费者身上，对于他们来说，组织任何严肃的反对行动都是不值的。

政治学研究专家E. E. 谢茨施耐德(E. E. Schattschneider)在其1935年出版的研究《斯穆特-霍利关税法案》的经典著作《政治、压力和关税》(*Politics, Pressures, and the Tariff*)强调了这种偏见。他把重点放在国会在起草关税法案之前举行的公开听证会上。人们预期支持和反对关税立法的经济利益将大致相等，然而与之相反，谢茨施耐德(1935:285)发现对关税施加的压力是“极度不平衡的……反对关税的压力微不足道这一事实使得支持关税的压力变得势不可挡”。谢茨施耐德(1935:109)这样描述国会所面对的高度倾斜的力量:“寻求增加关税的国内生产商们主要的、积极的、无礼的活动几乎完全主导了立法的整个过程。来自这一群体的压力更有侵略性，更具杀伤力，并且比所有其他群体加起来所产生的效果都大。”事实上，消费者团体、出口商和进口商对高关税的反对“通常是无关紧要的”。①

怎么解释赞成提高关税和反对提高关税两者之间在政治权力上的不平衡呢？谢茨施耐德认为：

> 在许多情况下，关税立法对于生产者的好处是显而易见的，但是诸多的成本却是模糊不清的。那些关于这部关税立法的政治煽动深受这一事实的影响。而且，这些好处直接与单一关税挂钩，或者最多与几个关税相关，但是成本往往是从众多的关税中产生。利益是集中的而成本是分散的。(Schattschneider，1935:127—128)

国际贸易的本质和国内生产的地理位置强化了国会对高关税的偏向性。美国进口一系列高度多样化的商品，这使得每一州都有一些生产商可能要与进口竞争。例如，俄亥俄州和科罗拉多州的羊毛生产商，宾夕法尼亚州和俄亥俄州的钢铁生产商，宾夕法尼亚州和新泽西州的玻璃生产商，马萨诸塞州和罗得岛州的纺织品生产商，以及其他地方的许多行业的生产商，在降低国外竞争上都有其利益所在。这意味着支持保护主义贸易政策的地缘政治基础虽然集中在北方，但总体上是非常广泛的。与此同时，美国出口的商品数量有限，仅产自该国少数几个特定地区，如南方腹地的棉花和烟草。这意味着支持开放贸易政策的地理基础相对狭隘。此外，国会议员们还以互投赞成票来维持高关税。例

---

① 谢茨施耐德同时报道管理层在国会几乎拥有独家代表，而劳工组织、消费者和更广泛的社区几乎没有参与。他还对在制定关税立法方面缺乏冲突而感到不可思议。“互惠不干涉”的操作意味着没有生产者会反对为了其他生产者而设计的高关税，这就是说，“每个人为自己寻求关税是正当的，但是反对他人所述求的关税则是不正当、不公平的”(Schattschneider，1935:136)。如果出现了问题，那么“要求增加本行业产品的关税顺应潮流比通过抵制向其征收一系列关税并且在广泛的战线上挑起冲突要容易得多”(Schattschneider，1935:128)。

如，一位来自俄亥俄州代表，其选民想要阻止廉价的羊毛进口，也许会投票支持对钢铁征收高关税以支持宾夕法尼亚州，或者投票支持对棉花纺织品征收高关税以支持马萨诸塞州，如果来自这些州的代表投票支持对羊毛征收高关税。征收高额的羊毛关税为俄亥俄州的羊毛生产商带来的好处比对进口的钢铁和纺织品征收高额关税后对俄亥俄州的消费者带来的损失要明显得多。由于这种互拉选票的交易在国会大厅里是一种常见的做法，那些其选民将受益于低关税的议员们发现获得支持是很难的。

南北战争之后，国会大约每十年修订一次关税法案。这些修订取决于政治权力的转移和经济状况。如果选举将权力从一个党派转移到另一个党派，新当选的政党通常制定一份新的进口关税表，使之更符合其选民的利益。如果经济运行良好，国会将几乎不会面临改变现有关税的政治压力，但是如果经济陷入衰退，对新的进口限制的需求必然会增加。

后两个因素使共和党人在 1928 年提出修改关税的议案多少有些令人吃惊。距离上一次他们在 1922 年 9 月通过 1922 年《福德尼-麦坎伯关税法案》(The Fordney-McCumber Tariff Act)还不到六年的时间。从那时起共和党一直掌权而经济运行良好。事实上，在 1929 年美国的经济繁荣：那一年实际 GDP 增长了 6%以上而失业率大约为 3%(Cater & Sutch，2006)。制造商们没有抱怨激增的进口或者是来自外国生产商的加剧竞争。美国制造业产值 470 亿美元，而进口应纳税工业制成品只有 8.54 亿美元。这意味着进口渗透率(进口渗透率是指进口商品占国民消费的比率)低于 3%。此外，作为一个整体，美国制造商更依赖于向国外市场出口自己的产品，而不是受到进口的威胁：1929 年，美国有大约 8%的制造业的产出用于出口，在工业制成品上美国获得 14 亿美元的贸易顺差。

事实上，大多数进口根本没有影响国内制造商。美国 2/3 的进口产品是免税的。它们要么是消费品(如咖啡、茶叶和香蕉)，要么是工业用原材料(如丝绸、汽油、橡胶、铜、锡、化肥和可可豆)，这些原料要么不在国内生产，要么产量不足以满足美国的要求。其余 1/3 的进口产品与国内生产的产品竞争，结果被征收高额关税。例如，对进口食糖征收94%的关税，对丝绸征收62%的关税，对羊毛和羊毛制造商征收51%的关税，对棉花加工厂商征收50%的关税，对玻璃和陶瓷制品征收60%的关税等。这些关税极大地减少了进口，而允许这些类别的国内生产商主导美国市场。小规模高成本的生产商一贯希望甚至更高的关税消除以剩余配额的形式进入美国市场的产品并扩大他们的销售。但是总的来说，美国经济在20世纪20年代末运行良好，这一繁荣意味着没有来自工业界要求进一步限制进口的重大政治压力。

那么，为什么共和党人要在1928年提出修改关税呢？主要原因是国家经济的另一个部分即农业表现不佳。20世纪20年代对于美国农户来说是异常艰难的十年。在第一次世界大战结束后的繁荣年份，外国对美国农产品的需求飙升，农产品价格在1915年和1918年翻了一番。这引发了一波土地投机和对机械和建筑的大量投资，农户寻求扩大他们的生产能力。这也把农业负债推升至历史最高点。1920年年末和1921年年初，货币和信贷条件的急剧紧缩导致商品价格意外暴跌，负债累累的农户面临着巨大的财务压力。虽然制造业也在1920—1921年的经济衰退中受到重创，但是它们很快就恢复了元气，并在接下来的10年里迅速增长。农业仍然处于长期而痛苦的衰退中，直到1925年，农场种植业的收入才恢复到战前的水平，并且在这十年的剩余时间里一直保持不变。

随着大宗农产品价格的下跌，农户前期扩产投资的抵押贷款的实际负担上升了，农场开始不断倒闭。止赎率从1913—1920年的3%上升到1921—1925年的11%，在1926—1929年达到惊人的18%（Alston，1983）。在这些年中，整个农村经济遭受了耕地价格下跌、抵押贷款丧失赎回权和农村银行倒闭的打击。东部繁荣的工业和中西部挣扎的农场之间的对比燃起了农业从业者对工业和商业利益的怨恨。高关税保护制造商免受外国竞争。农户们认为其所用生产资料的暴涨使得他们实际支付了这些关税，现在他们希望华盛顿的政治家给予同等的考虑。

由于近四分之一的美国劳动力受雇于农业，国会不能忽视农业部门的困境。国会开始考虑新的政策以确保对农业的平等并给予农场生产者平等的援助。因为进口农产品的关税约为进口工业制成品的一半,一些人认为可以通过对农户出售的产品征收更高的进口关税或者对他们需要购买的产品征收更低的进口关税实现农业的平等。因此,如国家农庄(National Grange)、美国农场局联合会(American Farm Bureau Federation)和国家农户联盟(National Farmers Union)等组织为代表的许多农业利益集团支持关税平等的想法。

然而,他们主要是通过提高农业关税而不是降低农业关税来实现这一目标。詹姆斯·康尼尔(James Conner,1958:37)指出:“几乎没有国家级的农业组织对高关税原则的直接攻击。”“相反,这些组织的基本做法是设法确保关税比率与工业相等……组织领导人的思想是在高关税结构的框架内发展起来的,其重点是提高农产品关税税率以达到与工业品平等,而不是把重点放在降低一些或者所有的税率。”事实上,只有在农产品的关税不能提高到与工业品的关税相当的时候,农业组织才计划公开反对工业关税。国家农庄的威胁性口号是“关税共享,要么谁也别想”。

利用关税援助农业的一个大问题是,它无法帮助身处农产品出口产业中的大批农户。表 1.1 按照商品类别列出美国农产品的进出口情况。美国是一个主要农作物的净出口国,如南方生产的棉花和烟草,中西部生产的谷物(如小麦):全国一半的棉花,三分之一的烟草,五分之一的小麦和面粉销往外国市场。这些大宗商品的销售价格是由世界市场决定的。对这类商品的少量进口征收更高的关税不能缓解农户的压力,因为这对他们生产的农作物的出售价格没有任何影响。

表 1.1　　1929 年美国农产品对外贸易情况　　货币单位:百万美元

	出口	进口	差额
净出口			
棉花	771	53	718
小麦和其他谷物	286	20	266
烟草	146	54	92

续表

	出口	进口	差额
水果	136	59	77
肉类	79	41	38
净进口			
奶制品和蛋	22	30	8
动物	2	21	19
蔬菜	25	48	23
羊毛	1	87	86
食糖	18	229	211
咖啡、茶叶和饮料	4	379	375

资料来源:美国统计摘要(*Statistical Abstract of the United States*,1931:675,574—584)。

而且,这些少量的进口产品并没有真正与国内生产商竞争:埃及的长绒棉与美国生产的棉花有很大不同,从加拿大进口的硬粒春小麦只影响西北边境几个州的小麦生产者,而进口的包装烟草与北卡罗来纳州生产的生烟草完全不同。一些北方地区中西部的农户确实面临来自邻国加拿大的竞争,不过这里进口量很小,竞争是有限的。例如,尽管国内每消费 8 500 个鸡蛋中有一个是来自进口(加拿大的进口)而且出口的鸡蛋是进口鸡蛋的 100 多倍(Fetter,1933:418),《斯穆特-霍利关税法案》对鸡蛋征收的关税从每打 8 美分增至 10 美分。至于蔬菜,进口是季节性的,而且对国内农户的影响有限。

主要的例外是羊毛和食糖——进口与国内生产直接竞争的产品,但是数十年来,这些产品一直受到高关税的保护。1930 年年初,粗糖的从价关税税率为 99%,进口羊毛的从价关税税率为 57%。

许多农产品进口属于没有国内生产的商品种类,例如咖啡和茶叶,或者国内生产非常有限的商品类别,例如各种热带水果。这并没有阻止一些团体主张提高关税。他们辩称减少进口将有助于美国的农业生产转移到新的作物。他们的逻辑是,对中美洲进口的蔬菜和大豆征收重税会鼓励农户将种植棉花和小麦的农田转向种植这些产品。这将减少棉花和小麦的过剩供应并提高其在国际市场上的价格。

支持者还认为高关税将有利于国内生产商在某种程度上转向消费者需求。一名农业生产商建议对香蕉征收高关税并非因为美国能够开始生产香蕉而是因为“大量便宜的香蕉进口到美国往往会限制美国国内对新鲜水果的消费，比如苹果”(Conner,1958:40)。因此，对美国不生产的热带水果征收高关税旨在鼓励消费者购买美国生产的替代品，如苹果和橙子。从本质上说，一些农户团体希望消除任何直接或间接与美国农户竞争的外国农产品的进口。

然而事实是提高关税对于帮助农业产业不是很有效。它不会帮助那些生产出口农产品的农户，而且对那些面临进口竞争的农户仅提供有限的好处。这就意味着它在提高农产品价格和减少抵押贷款债务方面几乎是无效的。这一点得到了广泛的承认，但是没有得到充分理解。在关于1922年《福德尼-麦坎伯关税议案》的辩论中，来自亚利桑那州的民主党众议员卡尔·海顿(Carl Hayden)说：

> 包括施加在农产品上的高关税只能被解释为这些人企图愚弄和欺骗种植业和畜牧业的农户，使他们相信，这个议案通过后他们将获得足够的利益来充分补偿他们为所有制成品支付的高价格，这些高价格源于该议案征收的保护性甚至是禁止性的高额关税。没过多久，人们就会发现通过关税来提升小麦、玉米、短纤棉和其他大量农产品和畜产品价格的企图是徒劳的，在这些领域进口可以忽略不计而盈余必须销售到国外(*Congressional Record*,July 14,1922:3835,3840)。

国会能够真正帮助以出口为导向的农户不必面对进口竞争的唯一方法是直接提高农产品的价格。这可以通过对国产产品价格支持、生产补贴或者出口补贴来实现。当1922年《福德尼-麦坎伯关税法案》没有实质性缓解农业生产面临的困境时，立法者开始考虑通过直接的政府干预来提高农产品价格。议案范围从联邦贷款、合作营销安排到政府以保证价格收购剩余农产品和实施出口补贴。

这些计划中最值得注意的是以俄勒冈州的共和党参议员查尔斯·麦克纳

利(Charles McNary)和艾奥瓦州的共和党众议员吉尔伯特·豪根(Gilbert Haugen)命名的《麦克纳利-豪根议案》(The McNary-Haugen Bill)。《麦克纳利-豪根议案》相当于将国内的价格支持与出口补贴结合起来。该计划要求建立一个政府出口公司,购买足够的农产品将国内价格提高到政府设定的目标水平。然后,把剩余的产品以较低的世界价格出口,卖给外国消费者。而政府可以通过向农户征收均等税或利用一般税收弥补财政亏损。农业组织支持麦克纳利-豪根计划,但是反对者抨击它违反宪法,缺乏代表性,成本高昂而且不可行。

最初的计划仅限于小麦、羊毛、牛和猪等基础商品。这个计划的政治基础太过狭隘:尽管北部的中西部地区支持它,但是几乎所有的东部各州(主要工业基地)和南部地区(棉花主产区)都反对。众议院在1924年6月否决了这项议案。认识到需要获得更多的政治支持,中西部的农户代表修改了计划,将棉花纳入补贴作物。1927年2月,来自棉花和玉米主产区的联合支持促成了这项议案的通过。这次投票不是党派之争而是地区之争,使得以农业为主的北方中西部和东部与以工业为主的东部形成了对立。

然而,卡尔文·柯立芝(Calvin Coolidge)总统否决了该议案。他认为通过增加生产和减少消费,政府限价行为将扭曲市场而且将很难管理。柯立芝也批评该议案的局限性,因为它只帮助了生产小麦、玉米、棉花和养猪的农户,但是没有帮助那些生产燕麦、大麦、蔬菜以及养牛和家禽的农户。东部的共和党当权派认为政府不能也不应该对较低的农产品价格做出什么贡献。“嗯,农户从来没有赚到多少钱,”柯立芝谈到农户的困境时说,“我认为我们对此无能为力。”(Sundquist,1983:187)

由于未能获得任何实质性的农业援助而倍感沮丧的中西部众议员们,下决心反击阻碍他们前进的那些工业界的利益。抱怨政府的政策在进口关税上偏袒东部工业而拒绝实施农业补贴以帮助西部农业,他们开始猛烈抨击高关税。1927年12月,来自南达科他州的共和党参议员威廉·麦克马斯特(William McMaster)提议一个关税直接下调的方案。拒绝了农业关税可以帮助农户的想法,并视其为骗人的策略,麦克马斯特抨击了对工业的保护:

农业获得救济的唯一办法是引起东部工业基地的关注。我希望看到工业组织处于守势，正如农业在过去的七年一直处于守势。西部必须打击工业的要害以获得任何必要的缓解农业困境的帮助。我知道让东部恢复理智的最好办法就是改变关税。农户在这一点上是有决心的，要么让他们得到关税的好处，要么免除他们的关税负担。(Malin，1930：114—115)

共和党领导人拒绝了任何改变现行关税制度的提议。参议院财政委员会主席、来自犹他州的共和党参议员里德·斯穆特谴责了麦克马斯特的决议：

这并不是美国历史上第一次，关税被西部地区或者南部地区谴责为以牺牲其他地区为代价来惠及东部地区的一种计划。我很难衡量参议院所通过的这项决议有可能对商业、信心和信誉产生灾难性的影响。对关税普遍降低的担忧也许会引起工业和商业的恐慌……但是，这是一种威胁，是黑暗中攻击，毫不可取，有百害而无一利。(*Congressional Record*，January 9，1928：1184)

然而，共和党领导层被中西部的共和党人和东部的民主党人在参议院组成的联盟搞得不知所措，这个联盟以 54 票对 34 票通过了麦克马斯特的决议。然而在众议院，东部的共和党当权派强权在握，议案以 183 票对 164 票的微弱优势被搁置。

农业组织的支持者继续施压，毫不畏惧，坚持认为必须采取一定措施来缓解农业的燃眉之急。1928 年年初，国会又通过了另外一项《麦克纳利-豪根议案》，与以往相比，这次是以更大的优势取胜。该议案试图消除总统的一些反对意见，但是柯立芝否决了该议案。在一份措辞严厉的声明中，柯立芝谴责该议案是一个不明智的价格操纵计划，指出“它将毒害美国民族精神”，因为它对一些团体的补贴是以损害他人利益为代价的(*Congressional Record*，May 23，1928：9524—9527)。

中西部的共和党人再次失败，重新开始。由于共和党当权派反对农业补贴，也不愿意降低工业制成品的保护性关税，唯一的解决办法似乎是提高农业关税，尽管这可能不是一个完美的解决办法。

这为后来的《斯穆特-霍利关税法案》奠定了基础。具有讽刺意味的是，这个法案不是由产业游说者或者国会中的共和党领导阶层发起的，而是由激进的中西部共和党人发起的。最后的结果会使他们非常沮丧。

1928 年的总统选举

在 1928 年总统大选中，农业的困境是一个重要的但不是关键的问题。两党都承诺帮助境况不佳的农业部门，但是对可能的行动含糊其词。[①] 民主党失去了一个利用农业领域从业人员情绪不满的机会，他们提名阿尔弗雷德·史密斯为其党派的总统候选人，他是一名反禁酒的纽约天主教徒，对美国的农村利益几乎毫不关心。民主党议员还放弃了他们一贯主张的低关税，因为他们希望获得商业利益集团的支持，并打入北方传统的共和党选区。为了安抚那些摇摆不定的选民，史密斯发誓："如果他的政党被赋予权力，将反对任何全面的关税议案……任何具体列项的修改都不会得到民主党的批准，因为它以任何方式干扰了美国的生活水平和工资水平。"(*New York Times*, November 4, 1928: 132)

与此同时，共和党人让农户们仍然感到失望，因为他们没有批准农业补贴。但是为了安抚中西部选民，并考虑到麦克马斯特的辩论，共和党领导人决定他们必须通过调整关税来缓解处于困境中的美国农场，这将主要集中在限制农产品的进口上。由参议员里德·斯穆特起草的竞选纲领重申，该党支持保护性关税，认为"这是美国经济生活的基本和必要原则""对美国的持续繁荣至关重要"。竞选纲领否认保护性关税是一种局部措施，辩称"保护性关税对美国农业至关重要，就像对美国制造业一样"，该党认为"农业不仅可以直接从对具有竞争力的外国农产品征收的保护性关税中获得巨大利益，而且还会间接地从同样

---

① 民主党的竞选纲领承诺通过政府信贷和市场援助，"建立和保持农产品的购买力和农业整体经济质量"。共和党的竞选纲领承诺将美国的农业利益置于与其他产业经济平等的基础上，以确保其繁荣和成功，并强调有必要进一步保护农户不受外国竞争的影响。参见波特和约翰逊(Porter & Johnson, 1956: 273, 286)。

受到保护的工业中大量产业工人的购买力的提高中获得巨大利益”。换句话说，他们认为工业品的高关税促进美国工业逐步走强，由此会刺激美国消费者对农产品的需求，从而间接地帮助了农户。

然而，在关键的一段中，竞选纲领继续表示：

> 现行法律的某些条款需要根据世界竞争形势的变化加以修订……我们意识到，由于国外工资和生活成本较低，美国一些行业如今无法成功地与外国生产商竞争。我们保证下一届共和党国会将有计划有步骤审查这些法律条款并在必要时修改，最终这些行业里的美国劳动力再次主导国内市场，实现在其熟悉的领域稳定就业，保证其生活水准。（*New York Times*，June，15，1928：8）

换句话说，关税修订将不限于农产品，还将包括那些可能需要额外保护的工业制成品。这一竞选纲领是为了安抚中西部的共和党人而做出的妥协，他们中的一些人曾经考虑脱离共和党，成立一个致力于农业利益的第三党。这个措辞严谨的竞选纲领并没有保证只提高农业关税，但是它被理解为农业的需要是首要的，工业是次要的。

共和党候选人胡佛强烈支持这一竞选纲领。他承认对外贸易对国家经济的重要性，但是警告说，降低关税将导致更多的进口和更低的工资。在接受共和党提名时，胡佛强调“美国目前最紧迫的经济问题在农业领域。如果想要把繁荣和满足感直接地带给三分之一的美国人口并且间接地带给全体民众，这一问题就必须解决”。他坚定地表示“适当的关税是农业解困的基础”，并承诺“利用其职权和影响力给予农户美国关税史上最全面的好处”（*New York Times*，June 15，1928：132）。

关税修订起始

不出所料，鉴于强劲的经济需求以及阿尔弗雷德·史密斯作为总统候选人的弱势，共和党在1928年的选举中击败了民主党。胡佛以压倒性的优势当选，共和党增加了其在国会的席位。

众议院共和党人立即着手起草一项关税议案。12月，人缘好的和事佬、能力平庸的众议院筹款委员会主席、来自俄勒冈州的共和党众议员威尔斯·霍利宣布关税调整听证会将于明年开始。与其政党的竞选纲领一致，普遍的理解是修订的主要目的是纠正现行关税的不平衡，并对农业给予更多的保护。虽然共和党大权在握，但是新关税议案的通过并非板上钉钉的事情。事实上，在众议院和参议院之间以及共和党内部存在严重冲突，这将使关税的修订特别困难。

众议院的代表权是基于人口的，因此，人口众多的东部各州拥有强大的政治力量。保守的共和党当权派服务于东部的制造业，从新英格兰州的制鞋和纺织到宾夕法尼亚州的钢铁。他们并不特别关心东西部的农户。共和党领导层牢牢控制着众议院。他们几乎不能容忍普通议员的异议，并对辩论实施了限制性规定，以加快立法在参议院的通过。

参议院的代表权是基于州的，因此中西部和远西部地区在参议院比在众议院拥有更多的权力。例如，北达科他州和南达科他州的参议员人数是纽约州的两倍，人口稀少的内华达州的参议员人数是人口稠密的康涅狄格州的两倍。此外，与众议院不同的是，多数领导层对权力的控制力较弱，无法控制个别参议员的行动，也不能通过使用限制辩论的严格规则强行通过议案。激进的中西部共和党人以"叛乱分子"著称，通常投票反对其党派路线从而激怒共和党领导层。这些"叛乱分子"由来自爱达荷州的共和党参议员威廉·博拉(William Borah)、威斯康星州的共和党参议员罗伯特·M. 拉弗莱特(Robert M. La Follette)和内布拉斯加州的共和党参议员乔治·W. 诺里斯(George W. Norris)领导，他们憎恨共和党的守旧势力，并指责其一贯在关税表上列入有利于东部生产者而不利于西部农业和原料的生产者的项目。"叛乱分子"有十几个，数量足够与同样代表农村农业各州的参议院民主党人联合起来。他们加在一起可能会对国会中保守派的势力构成严重的威胁。

从1929年1月7日到2月27日，美国筹款委员会就关税修订召开了听证会，逐段逐项审查了关税代码。关税代码有15个附表，每个附表都涉及不同的货物：化学品、陶器、金属、木材、食糖、烟草、农产品、饮料、棉织品、亚麻、大麻和黄麻、羊毛、丝绸、人造丝、纸张、书籍和杂货，从化学品开始，以杂货结束，总共听取了1 100人的发言，在18卷中发表了10 684页的证词。他们经常工作到晚上，听取并询问来自全国各地的生产商，这些生产商与清单上列出的近3 000种商品中的每一种都有利害关系。约95%的作证人要求提高当前的进口关税或者至少维持这一水平。

资料来源：美国国家影像公司(National Photo Company)。

图1.1 威尔斯·霍利和里德·斯穆特在美国国会大厦前

听证会冗长乏味，细节极其烦琐。例如，第一天，筹款委员会听取代表真色公司(Zinscher & Co.)的F. J. 津谢(F. J. Zinsher)博士关于单宁酸商品的陈述；听取代表卡尔科化学公司(Calco Chemical Works)的科尔·W. S. 维克(Col. W. S. Weeks)关于硝酸商品的陈述；听取代表维克多化学公司(Victor Chemical Works)的A. 柯奇(A. Kochs)关于草酸商品的陈述，等等，不一而足。

几周后，国家酸泡菜包装协会（National Kraut Packer's Association）呼吁将泡菜的关税税率从30%提高到50%，而卷心菜的关税税率从25%提高到每磅1/2美分。纽约州的谷物和饲草经销商协会（Grain and Hay Dealer's Association）为不起眼的荞麦产业发出呼吁，要求将荞麦关税税率从每百公斤10美分提高到30美分。缅因州的一家小公司要求把沙丁鱼罐头的关税税率从30%提高到50%，而俄亥俄州的公司则要求把进口金鱼的关税税率提高到35%。

在之前的修订中，大公司并没有过多地参与听证会，因为关税对于他们并不是主要问题。这些大公司服务于全国市场，趋于现代化高效率。他们不太在意来自外国的竞争，而且本身经常向国外出口产品。相反，大多数证词来自为当地市场服务并努力生存的中小型生产商。听证会中的一份报告指出：

> 大量的要求，特别是在听证会的前三周提出来的那些要求，向多数成员在最初对彻底修改关税所抱有的热情泼了一盆凉水。这些要求中的大部分是伴随着失业、收入损失、利润下滑和业务缩减的索赔要求，筹款委员会显然很快发现很难全盘接受这些要求。此外，在大多数情况下以及那些发出最强烈的抱怨的情况下，人们承认进口仅是国内消费的一部分。（*New York Times*，February 17，1929:50）

中间产品和终端产品之间不多的冲突偶尔会活跃一下冗长的会议气氛。洗衣皂制造商反对提高原油和油脂的关税税率，因为这将增加其成本，抬高其产品价格。制靴和制鞋行业希望把皮革保留在免税名单里，而牧场主希望这些产品缴纳关税。奶制品商要求对干酪素这种牛奶加工中的副产品征收高关税，但遭到了在生产过程中需要使用干酪素的铜版纸制造商的反对。这类冲突通常是以将双方的关税税率提至更高水平来解决。

1929年3月4日，筹款委员会听证会结束几天后，胡佛总统发表了就职演说。胡佛表示（1974:75），将共和党赖以重新掌权的一些议案付诸行动，特别是农业困境的缓解和关税上的改变，不可拖延，否则对美国农户、工人和制造商不公平。他呼吁召开一次国会特别会议加快行动，这是鉴于农业困境的严重性，威廉·博拉敦促他这么做的。

特别会议于1929年4月15日召开。第二天，总统向国会提交了一份报告，阐述了他对未来关税立法的看法。胡佛(1974:79)呼吁对农产品征收更高的关税，以补偿农户更高的成本和更高的生活水平。总统认为国会不必全盘推翻1922年《关税法案》，只需直接提高农产品关税，并根据情况调整其他一些关税。至于非农业税，胡佛写道："在我看来，关税是否需要调整主要看在过去的几年里该行业的活动是否大幅放缓，而使就业人数减少。"由于经济一直表现良好，大多数人认为这些变化不会有多少。总统还警告："在决定对美国的关税做改变时，我们必须考虑美国广泛的整体利益，这些利益包括美国与其他国家的贸易关系。牺牲更多的出口创造的就业机会来换取更少的进口创造的就业机会，显然是一种不明智的保护。"

当胡佛发出这条信息时，筹款委员会的共和党成员正在秘密商议最终确定他们议案中关税的确切税率。再一次，细致到了让人难以置信的程度。例如，在最后的立法中，附表3(金属和加工业)第390段如下：金属壳压缩管的瓶盖和闪闪发光的瓶盖，如果未经装饰、着色、上蜡、上漆、珐琅、平版印刷、电镀和压花染色，则从价关税税率为30%；如果经装饰、着色、上蜡、上漆、珐琅、平版印刷、电镀或压花染色，则从价关税税率为45%。附表1第8段(化学品、原油、油漆)如下：氧化锑每磅2美分，酒石酸催吐剂或者酒石酸钾盐每磅6美分，硫化物和其他锑盐化合物，如未做特殊规定，每磅1美分或者从价关税税率为25%。关税法典包括近200页这样的细节。

这种闭门决定议案的关税税率的过程让人脉广泛的内部人士占据了优势。关税法典中每一分项小组委员会由利益相关的委员会成员领导，因此马萨诸塞州的一名代表担任棉花分项小组委员会的主席，宾夕法尼亚州的一名代表担任钢铁分项小组委员会的主席等。在这个过程中，委员会成员和共和党领导层就税率结构进行了大量的讨价还价，总统的建议对他们来说是否重要值得怀疑。总的来说，国会认为应该制定不受行政干预的法律，不欢迎来自总统的信件。

1929年5月9日，威尔斯·霍利向众议院公布了议案结果。在1922年《关税法案》中列举的2 683项税率中，该议案提高了其中845项的关税税率而只降低了82项的关税税率。由占多数的共和党人撰写的委员会的报告指出："调整是合理的，因为竞争条件存在差异；也是必要的，为了在修订中涉及的所有相关者的福利。他们将保持和提升大多数人的福利。"（House Report，No. 7，71st Congress，1st Session：11）在众议院，霍利强调："大家都应该享受由保护性关税创造并维护的美国生活标准。"当被问及是什么潜在的原则指导税率的变化，霍利说："有证据显示并且根据我们的资料证明，美国工业在与外国生产商或外国进口的竞争中处于不利条件时，我们调整税率以适应竞争条件。"这意味着，对于国内产业而言："出于保护的需要，需要怎样的税率，就应该创造怎样的税率。"（*Congressional Record*，May 9，1929：1073—1074）

尽管共和党人坚持认为，修订后的关税主要有助于农业，然而，该议案提高了制成品而不是农产品的关税。这种失衡被视为偏离关税平等，并且进一步加剧了东部共和党人与激进的中西部共和党人之间的紧张关系。[①] 中西部共和党人更失望的是，该议案没有包括出口债券的项目。作为麦克纳利-豪根计划的替代方案，债券计划实际上是一种出口补贴，旨在帮助以出口为导向的农户，正如我们所见，这些农户没有从进口关税中获益。根据该计划，农产品进口商将获得相当于农产品进口关税价值一半的债券（或者凭证）。例如，如果小麦的关税税率是每蒲式耳42美分，农户每出口1蒲式耳小麦就会收到21美分的凭证。即使关税并不能真正保护小麦种植者不受进口的影响，因为美国出口了其大部分作物，这种债券对农户来说还是很有价值的。这种债券就像现金，可以以接近票面价值的价格卖给进口商，他们可以用它来支付进口关税。然而，共和党领导层强烈反对向农户提供任何补贴，并拒绝将此类条款纳入关税议案。

当众议院结束了对关税的审议，单独的农业救济立法已经在国会迅速通过。1929年《农业市场营销法案》（Agricultural Marketing Act）创建了联邦农

① 东部共和党人支持对工业品征收更高的关税，但认为原材料和食品进口并不有害，因此不需要更大的保护；事实上，他们认为对原材料和食品征税是有害的，因为它们提高了生产成本和生活成本。例如，纽约州共和党众议员费列罗·H. 拉瓜迪亚（Fiorello H. LaGuardia）强烈支持对制成品征收关税，以保护美国劳工，但他反对对糖和黄油等农产品征收更高的关税，因为这会削减城市消费者的预算。例如，他谴责对土豆征收更高的关税是"彻头彻尾的偷窃"（*Congressional Record*，May 25，1929：1951）。

场委员会(Federal Farm Board),该委员会拥有5亿美元资金,向农户拥有和控制的市场营销协会提供贷款。胡佛希望通过该委员会在没有政府明确补贴的情况下提供初始资金来帮助农户。出口债券制度最初包括在众议院的版本中,但是经过一番毫无意义的争论后,胡佛(1974:86－100)最终强烈反对,说这将给美国农场带来灾难。胡佛反对这种出口债券,理由是它会使得生产过剩,并进一步压低价格,引发外国对美国政府补贴出口的报复,这样会消除出口补贴原本计划带给农户的任何好处,而且会造成财政部约2亿美元的损失。屈从于总统的要求,众议院将该出口债券制度从农业救济法案中剔除。

与此同时,民主党的少数派强烈反对《霍利议案》。尽管该党的北方领导层在总统选举期间软化了对保护主义的反对立场,但众议院民主党成员大多来自南方,那里的反关税情绪仍然很高。众议院筹款委员会少数派报告的撰写人是来自田纳西州的民主党众议员科德尔·赫尔(Cordell Hull),他批评了共和党关税政策。他说该议案允许那些为强大的特殊利益集团而游说的政客实施过高或者禁止性的关税税率,并且确保旧的和最坏的互投赞成票的政治体制以及由利益冲突带来的政治压力继续存在(House Report, *No.* 7, *Part* 2, 71st *Congress*, 1st *Session*, 2)。赫尔在众议院以典型的民主党的抱怨攻击了该议案,即进口关税将无法帮助大多数依赖出口市场的美国农户。他认为,现行的禁止性关税损害了美国农户,第一是增加了他们的生产成本;第二是增加了他们的生活成本;第三是增加了他们的运输成本;第四是削弱了他们的国外市场和出口;第五是由于贸易顺差导致的过剩使其财产贬值(*Congressional Record*, May 28, 1929:2127)。

但赫尔并不代表所有民主党人。一些民主党议员并不反对整个保护体系,而是希望对保护体系的利益予以不同的分配,也就是,更多地保护农业,更少地保护工业,中西部共和党人也持同样的观点。正如来自得克萨斯州的民主党众议员约翰·加纳(John Garner)所说,“我相信保护原则,但我认为保护应是均等地分给各个地方,南方和西部的农户与新英格兰和宾夕法尼亚州的制造商应同样享有关税保护的好处”。他抱怨道:“不幸的是,每一次试图将工业品税率降低到与农产品税率相等的程度的努力都遭到了控制该议案命运的少数共和党领导人的反对。出口债券的失败让超过80%的美国农户通过关税实质性缓解困境的希望破灭。”(*Congressional Record*, June 14,1930:10762)

胡佛总统私下里也对众议院议案中的不平衡感到不满。他约见了众议院的共和党人,要求他们通过增加农产品关税和减少工业品关税修改议案,以兑现他的竞选承诺。胡佛在他的回忆录中写道(Hoover,1952:293):“威尔斯·霍利主席支持我,但在尼古拉斯·朗沃斯(Nicholas Longworth)议长领导下的老牌保护主义者们对此不满。”

总统还坚持该议案延续弹性关税权限,即允许行政部门自行修改进口关税。作为1922年《福德尼-麦坎伯关税法案》的一部分,首次颁布的弹性关税条款在关税税则委员会调查发现关税没有平衡美国和外国在生产成本上的差异时,允许总统对进口关税最高上下调整50%。激进人士在20世纪10年代曾支持这种做法,希望一个公正的机构能让关税脱离政治,并且调和已被国会列入关税表的许多极端关税。胡佛在他的回忆录中写道(1952:292—293):

> 我认为,让关税摆脱国会互投赞成票的影响,唯一的办法就是授权这个两党委员会根据国内和国外生产成本的差异,调整对应课税商品的不同解读。并在经过客观审查和公开听证后,调整不同的应课税商品税率。任何经历国会互投赞成票流程通过的关税,都难以避免地成为众矢之的。除了更公平的税率外,弹性关税的目的是确保人们对结束国会制定关税的愿望不落空。

总统的观点对众议院共和党领导人的影响有限。他们已经在议案中纳入弹性关税条款。然而,为了满足西部各州共和党人的要求,他们同意增加一些农产品关税,如黄油、洋葱和土豆的关税,并将皮革移出免税名单(同时对靴子和鞋子的关税给予补偿性提高)。一旦共和党核心会议满意,该党领导层就会遵循标准做法,限制众议院对霍利议案的辩论,并优先考虑筹款委员会提出的修正案。这确保了那些起草议案的人对议案的任何修改都有实质上的锁定,有效地阻止民主党人和共和党的激进派人士修改议案内容。

鉴于共和党在众议院占多数，这项关税议案的通过已成定局。1929 年 5 月 28 日，经过几天的辩论，众议院以 264 票对 147 票的党派路线通过了关税议案，95％的共和党人投了赞成票，87％的民主党人投了反对票。支持该议案的北方民主党人多于反对该议案的中西部共和党人。[①]

如图 1.2 所示，来自东北部、中西部工业地区和西部偏远地区的共和党人支持众议院的议案，只有少数来自明尼苏达州、艾奥瓦州、南达科他州和内布拉斯加州的玉米种植带激进人士持反对意见。来自南方的民主党人一致反对该议案，佛罗里达州和路易斯安那州的人除外，他们希望确保食糖的进口税保持在高水平。对众议院投票表决霍利议案的一些实证性研究一直在探寻决定这项立法背后潜在的政治和经济因素。

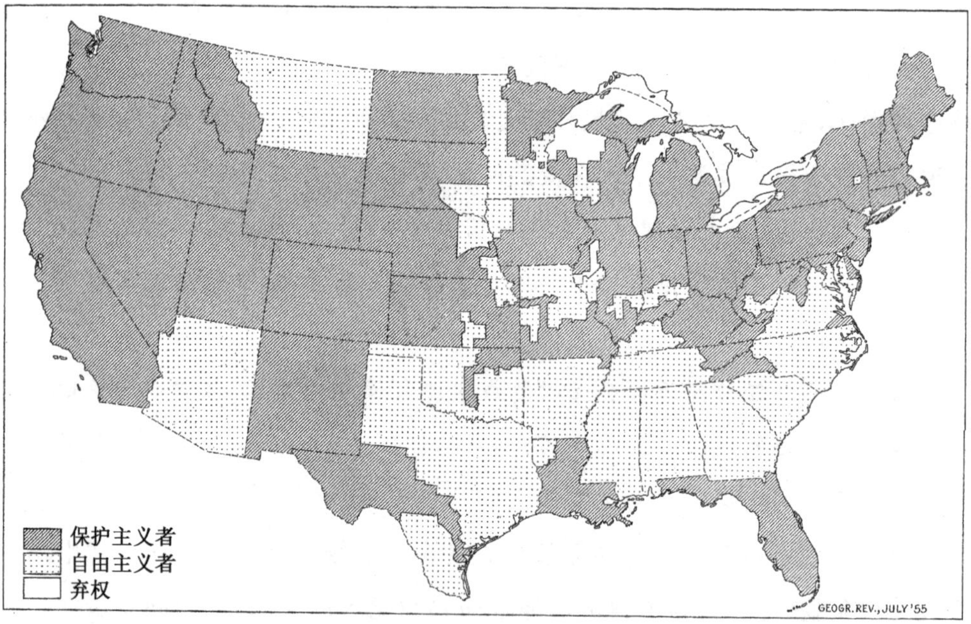

资料来源：史密斯和哈特（Smith & Hart，1955：330）。

图 1.2　1929 年 5 月 28 日众议院对霍利关税议案的投票

---

① 《纽约时报》报道，也许是由于白天的酷热或者长时间的讨论带来的过度疲劳，众议院在这次会议上缺乏通常标志着一项重大政党措施工作结束时的热情。当议长尼古拉斯·朗沃斯宣布议案通过时，只有共和党这边发出微弱的欢呼声，而被对方压倒性多数击败的民主党人则闷闷不乐地离开了座位。

注：巴瑞曼(Berryman)画。
资料来源：华盛顿《明星晚报》(*Evening Star*)。

图 1.3　总统对关税制定者的忠告

巴利·艾肯格林(Barry Eichengreen,1989)推测北方的农户和轻工业界联合起来促成了《斯穆特-霍利关税议案》的通过，尽管他没有正式调查这些影响。在对众议院的投票统计分析中，科林·卡拉汉、朱迪斯·麦克唐纳和安东尼·奥布莱恩(Colleen Callahan,Judith McDonald and Anthony O'Brien,1994)没有发现任何关于这样一个联盟的证据。他们构建了代表选区的轻重制造业的数量指数和加拿大边境各州的指标，通过这些经济利益、州失业率、政党和每个代表的意识形态来预测代表的投票。他们发现只有失业率和政治派别对代表的投票具有统计学或者说经济学意义上的影响。

斯穆特与参议院

在众议院通过后，该关税议案随后被提交给由犹他州的共和党参议员里德·斯穆特担任主席的参议院财政委员会。斯穆特被公认为是一位能力非凡、不知疲倦的立法者，毫无疑问，他是国会中最了解关税表细节的议员，也是贸易保护主义者，对这项政策没有顾虑或犹豫。原则上，他几乎反对任何降低关税的措施。[①] 作为摩门教的信徒，斯穆特也被称为贸易保护主义的信徒和糖业议员，因为他坚定地捍卫犹他州的甜菜工业。正如一位参议员这样描述：

> 当然，这位来自犹他州的参议员会说，在某些情况下，税率还不够高。我敢说出他想要的税率，甚至是现在议案上的两倍。这对他来说还不够高。他梦见糖，他尝到糖，他每天早中晚都看到糖。(*Congressional Record*, September 19, 1922: 12906)

幽默作家威尔·罗杰斯(Will Rogers)曾经打趣说："我们有 1.2 亿人吃糖，有 1 231 人种植生产它，而里德·斯穆特把他的整个政治生涯都奉献于此，他不仅仅使糖甜，而且使 1.2 亿人感到甜蜜。"(Rogers, 1978: 51)

里德·斯穆特雄心勃勃，工作勤勉，并以 1909 年《佩恩-奥德里奇关税法案》(Payne-Aldrich Tariff Act)和 1922 年《福德尼-麦坎伯关税法案》为自豪，但这两项法案几乎没有得到其他人认可。他的传记作者甚至认为，这种自豪感可能会让他想要的不仅仅是有限的关税调整，这样他的名字就会与某种具有持久意义的东西相连。[②] 在 1930 年《关税法案》通过后，他自豪地将自己的名字放在首位，将其称为《斯穆特-霍利关税法案》，而不是标准的《霍利-斯穆特关税法案》，以强调他在该法案中的领导作用。

如前所述，由于参议院的代表是基于州而不是人口，中西部和西部在参议院的政治权力要比在由人口众多的东部控制的众议院大得多。在众议院，多数党领袖可以限制辩论，驱使民意，并强行通过一项议案。在参议院，由于立法者

---

① 他的传记作者写道，"没有任何证据表明，任何明显的事实、任何争论、任何内省，哪怕是稍微动摇他对保护主义好处的认识和信念，或者弱化其对任何削减关税措施的坚决反对"(Merrill, 1990: 288)。在弗兰克·陶西格(Frank Taussig, 1930: 184)看来，里德·斯穆特"除了对他自己地区和产品(甜菜糖)具有强烈的兴趣外，还是一个最不宽容的、彻头彻尾的保护主义者，不应该被看作一个公正客观、不挟带自身利益的人，也没有资格被这样看待"。

② "毫无疑问，他想一项伟大的关税法案能以自己的名字命名。"美林(Merrill, 1990: 331)写到，因为"对于里德·斯穆特而言，这是一项只有成为总统才能匹敌的荣誉。提高一些农产品的税率当然不会构成关税法案。这并不是说这一参议员的野心——通过《斯穆特-霍利关税法案》——是共和党无能的标识的主要力量，但它是一个相当重要的次生因素。"

较少，权力分散得多。参议员个人拥有很大的权力，但是一旦议案进入辩论阶段，参议院的规则使得政党领导人对议案的控制力大大减弱。其结果是，参议院已经为广布工业厂房的东部和大面积农场的西部之间的争斗做好了准备，而在某种程度上众议院则设法避免了这种争斗。

从一开始，共和党的“叛乱分子”就被众议院的议案激怒了，说他们是“叛乱分子”，是因为中西部的共和党激进人士不按其党派路线行事。他们认为，众议院无视胡佛表达的对关税进行“有限”修改的愿望，完全忽视了农业利益。这一部分人群的主要领导者，来自艾奥瓦州的共和党参议员威廉·博拉立即提议，应该限制财政委员会仅考虑修订农业关税表，而保持工业品关税在现有水平，正如他所说：

> 在农业利益和工业利益之间正发生一场真正的战争。我们觉得我们正在为平等而战，然而这种平等经常被这样的事实所消除，即对我们所购买的东西的关税大幅度增加，即使我们所出售的东西的关税可能会有所增加。(*Congressional Record*，September 26，1929：3971)

1929 年 6 月 17 日，《博拉议案》以一票之差(39 对 38)被否决。共和党以 32 票对 13 票反对，民主党以 25 票对 7 票赞成。尽管该议案未能通过，但投票清楚地显示了代表农业利益的中西部共和党人和南部民主党人两党联盟的力量。

参议院财政委员会于 6 月 12 日至 7 月 18 日就该议案举行了听证会。财政委员会听取了 1 004 名证人的证词，共计 8 618 页，共 18 卷。众多生产者利益的代表再次出现在国会委员会面前，主张对相互竞争的进口商品征收更高的关税。(有一卷专门讨论外国的抗议，这个问题将在第三章讨论。)

随后，财政委员会的共和党人从 7 月底到 8 月开闭门会，以确定他们将对众议院议案做出的调整。9 月初，财政委员会报告了一项议案，该议案降低了一些工业品税率的涨幅，并加入了一些农产品税率，在众议院版本的基础上总计提高了 177 个产品的税率，降低了 250 个产品的税率。为了满足胡佛总统的愿望，出口债券不包括在内，但是把弹性关税权授予总统。

在将议案提交给参议院审核时，斯穆特意识到一场大的战斗正在酝酿。因此，他警告说："人们选出了共和党总统和国会，以便关税的调整可以掌握在保护主义之友手中。如果这一授权被该国的某一集团或某一选区拒绝和击败，民众将知道应该把责任归咎于谁。"他指责民主党"受到了对国家不利的地区性势力的帮助，并受到了那些愿意背叛美国利益、放弃民族主义精神的国际主义者的怂恿"(*Congressional Record*，September 12，1929：3549)。

资料来源：Corbis，© Bettmann/CORBIS。

图 1.4 参议员里德·斯穆特在 1929 年 7 月 11 日参议院财政委员会会议上讨论关税议案(位于会议主席台中央的即为里德·斯穆特)

来自北卡罗来纳州的民主党参议员弗尼福德·西蒙斯(Furnifold Simmons)领导了民主党对关税议案的攻击，称该议案是站不住脚的，违反了帮助农户的竞选承诺。西蒙斯激动地呼吁："这部议案没有像承诺的那样消除对农业的关税歧视，而是大大增加和扩大了这些歧视，因为根据这部议案每给农户一块钱，反过来，就会从他们那里多拿走几块钱，因为他们买东西的成本增加了。”（*Congressional Record*，September 12，1929：3542）西蒙斯反对这项议案，认为它不能满足农户的利益，因为征收关税的农产品要么进口很少，要么是依赖向世界市场出口。在后一种情况下，农户在世界市场上获得的价格将不受美国关税的影响，因此，这些关税对他们没有帮助。农户能够或者希望能够通过关税立法获得近似平等的唯一途径就是，按照意愿或者可能有效的方式，将此类关税施加在他们所生产的产品上，并且大幅降低工业品关税，即那些农户不生产但是必须为农场、家庭和家人购买的物品的关税。西蒙斯反对将弹性关税条款包括进来，认为这给了总统自主裁量权和权力，同时他非常不满地指出弹性关税条款在降低关税税率方面是无效的。

共和党的“叛乱分子”加入了攻击。威廉·博拉认为，关税并不能充分保护农业，因为农产品税率太低且不起作用，而工业品税率太高。他严厉批评了对工业制成品征收的高关税，并指出，因为我们消费的工业制成品中有3%多一点是进口到美国的，实际上相当于对进口实行禁运。然而，他惊讶地注意到美国国会正在考虑提高关税。他急切地呼吁：“如果我们要挑选出在最不利的情况下生产的人，把这个人的情况和处境用来测试必要的保护力度，那么只有禁运才能满足。”（*Congressional Record*，September 16，1929：3649）他对农产品关税嗤之以鼻，指出美国使用的玉米万分之二是进口的，所以将关税从每蒲式耳15美分提高到25美分对提高农产品价格毫无帮助。

参议院于是开始了一个漫长而复杂的修改议案的过程。首先，从1929年9月到1930年2月，参议院将财政委员会修正案视为全体委员会的产物，其中整个参议院作为一个大的委员会。然后在2月和3月，参议院也作为一个整体委员会，审议了个别提出的对该议案的修正案。最终，在3月，参议院正式考虑了该议案，并可能再次修改它。这一不寻常的过程意味着参议院有三次机会在点名投票中上调或下调关税。

9月，参议院开始对该议案的管理条款进行辩论。两党联盟在关键条款上

资料来源：Library of Congress，Harris & Ewing Collection。

图 1.5　来自艾奥瓦州的参议员威廉·博拉是激进的共和党“叛乱分子”的领袖，他们希望修改的关税仅限于农产品

以两票击败了共和党领导层。10 月 2 日，联盟剥夺了总统根据弹性关税条款修改进口关税的权力，并将这一权力交还给国会。投票结果是 47 票对 42 票：共和党以 38 票对 13 票支持保留众议院的这项条款，民主党以 34 票对 4 票反对修改该条款。胡佛总统曾警告参议院不要采取这一措施，并强调把根据弹性关税条款调整税率的权力赋予行政部门的重要性。[①] 然而，激进派共和党人和民主党人对该条款“让关税脱离政治”的能力感到失望，并认为赋予总统调整关税税率的权力是违宪的。并且民主党人不无担心地指出，在 20 世纪 20 年代，弹性关税权限主要用来增加关税。

然后，来自内布拉斯加州的共和党参议员乔治·诺里斯提出了一份出口债券计划，但遭到了众议院的否决。来自以农业为主的各个州的代表坚持认为，债券是确保农产品出口商能从关税体系中获益的唯一途径。但胡佛坚决反对任何这样的计划，东部共和党人抱怨说，这将是一个代价高昂的措施，很容易被外国的报复或反补贴税破坏。10 月 19 日，联盟以 42 票赞成、34 票反对的结果在议案中增加了债券条款，其中共和党以 31 票对 14 票反对，民主党以 28 票对 3 票赞成。

而后，国会将注意力转向了关税税率本身。1929 年 10 月和 11 月，两党联盟控制了该议案，通过一系列的点名投票，成功地削减了农户必须使用的煤炭、原木、皮革和鞋类等商品的关税。他们经常以关税平等的名义把税率恢复到 1922 年的水平。正如来自科罗拉多州共和党参议员查尔斯·沃特曼(Charles Waterman)所说的那样：“我是一个高度的贸易保护主义者，美国的任何产品、这块土地上的任何产品或任何行业的产品，只要需要保护，为了生存下去，我就愿意尽我所能给予保护，不管保护的税率有多高。我希望看到这种平等的分

---

① 总统在 1929 年 9 月 24 日的一份声明中表示：

历史上没有任何关税法案是完美的，将来也不会有所谓的完美关税法案。关税法案一定会包含不公正。在立法的必要条件下处理几千种商品的所有事实，而不犯一些错误，不造成一些不公正，这是人类无法想象的。此外，即使颁布了一项完善的关税法案，美国迅速变化的经济条件以及美国与国外经济生活关系的不断变迁，也会使这项法案中的某些项目在一年之内在某些方面变得不完善。半个世纪的经验证明，国会对关税的审议在七八年内不超过一次。将关税委员会的建议提交给国会执行而不是行政部门就是对弹性关税原则的破坏。在过去半个世纪里，任何一个在关税立法方面有经验的人都十分清楚这一点：国会不可能不在贯穿始终的全程讨论中来重新审议讨论任何一项关税条款，整个过程纷争不休，并且难免引入那些破坏国会其他重要职责的争论和宗派问题。除非是全面修订期，国会在过去几百次拒绝考虑对关税进行任何修改。弹性关税条款是美国历史上在制定关税方面所采取的最进步的步骤之一。对个别的、由于没能充分保护某些行业造成的不公正的事件没有补救是错误的；对于修改那些出于保护某些产业的需要而高于必要的水平，并且对民众造成了沉重负担的关税的机会的错失不加以补救也是错误的。我认为，把这种情况长期强加于民众，在经济上是错误的，也有损于民众利益。(Hoover，1974：302—303)

配，让美国社会的各阶层都能从这种平等中获益，然而，我们都知道，农业没有从中得到好处。”(*Congressional Record*，October 18，1929:4671)

保守派人士沮丧地看着两党联盟开始降低关税税率，特别是工业产品的关税税率。来自新罕布什尔州的共和党参议员乔治·H. 摩西(George H. Moses)抨击威廉·博拉和他的支持者是“一群蠢驴”，这一诨号成了“叛乱分子”甩不掉的标签。在参议院投票决定将生铁的关税从每吨1.5美元降至75美分后，来自宾夕法尼亚州的共和党参议员大卫·里德(David Reed)批评两党联盟破坏了美国工业的稳定性和结构。(“叛乱分子”反击说，大卫·里德恨不得将锰矿石列入免税名单以帮助钢铁业，哪怕这会给西部以矿业为主产业的州带来麻烦。)大卫·里德愤懑地慨叹道：“两党联盟已下定决心阻止工业制成品税率的每一次上涨，我们不妨继续下去把它做完。议案将上会讨论。众议院和参议院永远不会同意，但我们至少可以摆脱它，继续我们的日常事务。”(*Congressional Record*，November 6，1929:5239)他抨击“叛乱分子”对工业利益的敌意：

> 西部各州，尤其是中西部各州，也就是所谓的玉米带，对东部的工业州，尤其是我们的宾夕法尼亚州，怀有极端的敌意。你几乎可以认为我们彼此处于战争状态。这已经太清楚不过了——他们这伙人不仅要提高对农业有利的关税，而且要不断降低工业产品的关税，直到农业发达的西部和工业发达的东部达到相同的繁荣水平，也就是说，把我们拉低到一个同样的痛苦水平。

由于参议院的争执不休，大卫·里德预言，目前的议案已死，我们所有的努力都白费了。里德·斯穆特和其他共和党领导人迅速否决了大卫·里德的评估，并坚称该议案最终将获得通过(*New York Times*，October 28，1929:1)。

围绕参议院审议的不确定性意味着总统发挥领导作用的时刻到了。但是，没人知道白宫是怎么看待“叛乱分子”的这次行动。胡佛总统想要的修订仅限于农产品计划？还是他也赞成工业产品的高税率？然而，总统拒绝提供任何指向性信息。白宫发表于1929年10月31日的声明简单明了：“总统拒绝对关税税率细节或任何如前述所提到的妥协条款进行干预或发表任何意见，因为很明显。总统没有必要就此假装掌握为做出此类判定所需要的关涉几千种商品的信息。”(*New York Times*, November 1, 1929: 1)

11月9日,里德·斯穆特承认失败,震惊了参议院。承认财政委员会对该议案失去了控制,他提议将其移交给两党联盟,并休会10天,让他们根据自己的意愿修改议案。为了加快这一进程,他提议参议院将不经辩论就两党联盟的议案投票,但他无法保证这一点。他可能一直想让两党联盟摊牌,但事实上威廉·博拉和弗尼福德·西蒙斯拒绝了这个提议。《纽约时报》的一篇社论解释了原因:

> 认为叛乱联盟想要自己起草一份议案是错误的。它的主要愿望就是摧毁参议院财政委员会的议案。如果两党联盟的领导人被关在一个委员会房间里,并被告知在制定出一项令所有支持者满意的措施之前不要出来,他们就永远不会出来。如果门被撞开,毫无疑问,人们会看到他们在激烈的争吵后互相打得遍体鳞伤,躺在地上(*New York Times*, November 11, 1929: 20)。[①]

两党联盟对拟议的立法提出了有价值的批评,但它对什么是更好的关税没有一致的看法。

11月下旬,由于关税方面的工作处于不确定状态,参议院决定休会到年底。

关税与股票市场

1929年10月,参议院为关税议案争论不休之际,股市崩盘。尽管经济崩溃并没有导致大萧条,但它导致美国经济陷入衰退。克里斯蒂娜·罗默(Christina Romer)认为,经济崩溃给消费者未来收入带来了不确定性,导致他们推迟了耐用品支出,从而减少了总需求。但如下一章所述,大萧条涉及的不仅仅是消费支出的减少。更确切地说,一系列毁灭性的货币和金融冲击将经济

---

① 正如《纽约时报》早先所言:“关于参议院对关税法案的态度,可以引用已故内布拉斯加州参议员约翰·H. 瑟斯顿(John H. Thurston)对总统西奥多·罗斯福(Theodore Roosevelt)的话来说明——‘没有人想要这个法案,但是每个人又都支持它’。当然,我说的‘每个人’指的是参议院,而不是美国人民,他们似乎普遍对参议院在关税问题上的做法漠不关心。”

推入了严重的萧条。

这一事实让一些人认为，1929 年 10 月的股市暴跌与参议院的关税辩论存在某种联系。例如，新闻记者和供给学派经济学的支持者朱迪·瓦内斯基(Judy Wanniski)曾说过一句著名的话："1929 年的股市崩盘和大萧条是 1930 年国会通过的《斯穆特-霍利关税法案》导致的。"他认为，1929 年秋，关税似乎会恶化外国人的债务状况。这迫使他们清算美元资产，进而导致美联储收紧信贷以防止美元下跌。瓦内斯基试图将 10 月下旬股市的逐日波动与关税的消息联系起来，但这种相关性似乎很牵强。例如，道琼斯工业股票平均价格指数在 10 月 23 日周三下跌了 6%。但那天唯一的关税新闻是两党联盟未能降低碳化物的关税。对于整体经济来说，这似乎不像是一个决定成败的局面。[①] 第二天，由于参议院正在考虑对从脱脂牛奶提取的用于生产胶水的酪蛋白征收关税，市场又下跌了 2%。然而，周一、周二(即 10 月 28 日和 29 日)，股市下跌了 23%，此前一天周日唯一的关税新闻是参议员大卫·里德称"关税议案已经失效"，然后参议员里德·斯穆特回应说"没有"。很难相信这样鸡零狗碎的争吵竟然足以导致股价下跌四分之一。

瓦内斯基认为，高关税议案通过的前景吓坏了正在展望未来的股市。[②] 但在 1929 年 10 月，两党联盟基本上成功地降低了工业制成品的关税，这提高了该议案实际上被否决的可能性。正如斯考特·萨姆纳(Scott Sumner，1992：303)所指出的，"人们很难将瓦内斯基的观点与当时广泛流传的解释混为一谈，即从 10 月中旬到 11 月中旬的四周是共和党保护主义势力的一次重大挫败"。阿尔弗雷德·埃克斯(1998)反驳瓦内斯基说，两党联盟降低工业关税的努力可能导致了股市崩盘，因为企业想要更高的关税。尽管这也是不可能的，它更符

① 查尔斯·金德尔伯格(Charles Kindleberger，1986，125)认为，"由于当时《纽约时报》的内页报道了参议院一个小组委员会拒绝了一些成员试图控制对碳化物征收关税的提议，1929 年 10 月 24 日的股票市场崩溃就是对参议院一个小组委员会的反应"的这种观点太过牵强。

② 如果股市是在对高关税的恐惧中做出反应，那为什么 1930 年 3 月，当参议院保守派重新控制议案并开始提高关税税率时，市场没有崩溃呢？抑或是在 1930 年 5 月，当《斯穆特-霍利关税法案》通过的最后政治障碍终于被清除，关税立法的不确定性最终得到解决的时候？股票市场也许是向前看的，但在 1929 年 10 月是不可能预见到 6 到 8 个月后的这些事件的。

合1929年10月发生的事件。

事实上，关于关税议案的争论不太可能对整个股市产生任何影响。股价的上涨和随后的暴跌并没有广泛的基础，而是几乎完全集中在公用事业公司，而这个行业可能是受进口关税影响最小的经济领域（Bierman，1998；White，1990a）。投资信托和公用事业控股公司的大幅扩张，以及保证金交易的增长，所有这些都刺激了对公用事业股票的购买，并推高了它们的价格。公用事业控股公司和投资信托公司杠杆率很高，并利用大量债务和优先股购买。而这个行业很容易受到任何有关公用事业监管的坏消息的影响。1929年10月，坏消息传来了，一系列对公用事业不利的监管决策引发了公用事业股票价格的下跌。以保证金形式购买的投资者被迫出售股票，导致所有股票的恐慌性抛售。此外，美联储自1928年1月以来一直在收紧信贷，以遏制股价飙升，美联储的这种努力现在派上了用场。

经济历史学家尤金·怀特（Eugene White，1990b：173）没有找到证据支持《斯穆特-霍利关税法案》在很大程度上导致经济崩溃的观点。如果关税是影响股票价格的重要因素，人们就会预期受贸易影响的行业的公司股票的走势与其他行业不同。但这并没有发生。出口导向型行业（石油产品、汽车和零件、工业和电机、停车场产品）的股票下跌幅度与整体市场平均水平大致相同，进口竞争行业（糖、纸张、羊毛制品和化肥）和非贸易行业的股票下跌幅度也差不多。后来关税议案的通过被明确保证后，所有生产出口、进口、竞争性商品和没有贸易商品的工业的股票价格都下降了。

因此，参议院对关税的审议不太可能与1929年10月的股市崩盘有太大关系。

参议院重新召集会议

当国会在1930年1月重新召开时，参议院仍然作为一个全体委员会审议整个议案，包括财政委员会对众议院议案的修正案。在这一点上，参议院采取了进一步的行动来缓和拟议中的工业品关税上涨。参议院一周又一周忙于冗长的辩论，然后在一遍又一遍的讨论后对划分如此细碎的关税类别投票，包括粗铝和废铝、鞋子、煤焦油染料、丝织品、电石、玻璃棒和灌装牛奶。

两党联盟继续成功地降低关税税率，并且直接打击了斯穆特-霍利关税，经过六天的辩论后，参议院投票通过了由财政委员会提出的把粗糖关税从每百磅 2.20 美元降低到 1922 年《福德尼-麦坎伯关税法案》的税率，即每百磅 1.75 美元。这与众议院的 2.40 美元形成了鲜明对比。许多商品的投票没有明显的优势差，这意味着少量的投票倒戈就可能改变投票结果。然而，两党联盟似乎占据了上风。

最后，1930 年 3 月 4 日，参议院在一个全体委员会中完成了对该议案的审议。与 1920 年的关税相比，众议院提高了 845 项产品的税率，降低了 82 项产品的税率，而参议院的议案现在提高了 620 项产品的税率，降低了 202 项产品的税率。该议案随后提交参议院审订，在最终通过之前进一步辩论和修改。参议员们可以再次提出修正案，并要求对特定的关税税率增加新的措辞，即使同样的问题在几周前就已经被考虑和表决过。参议院把该议案作为一个全体委员会的产物来考虑，与把它作为参议院本身来考虑，两者之间没有实质性的区别，但在这个阶段，共和党领导层能够重新控制该议案，并逆转两党联盟对工业税率的削减程度。这可以通过最常见的互投赞成票的方法做到。

例如，3 月 5 日，在参议院从全体委员会手中接过议案的第二天，参议院重新考虑了粗糖的关税。里德·斯穆特无法忍受自己在粗糖关税问题上的耻辱性失败。他说服了 9 名参议员改变了他们在一项投票交易中对糖关税的投票，这项交易也将给予木材、石油、水泥和玻璃更多的保护。在参议院投票恢复 1922 年进口糖税率不到两个月后，斯穆特成功地将粗糖关税推高到每百磅 2.50 美元，甚至高于众议院议案的水平。几天后，参议院再次改变主意，投票决定提高对木材、石油、水泥和玻璃的关税。

1930 年 3 月，两党联盟不再努力降低关税税率，这引发了对基于幕后交易和特殊利益集团游说的投票交易的指控。威斯康星州共和党参议员罗伯特·拉弗莱特抨击参议院的议案“是一系列交易的产物，秘密构思，公开执行，而且是以参议院史上前所未有的厚颜无耻的姿态公开执行。在我看来,对该议案的投票纵容了选票交易,通过这种交易,议案中一些最不合理的关税税率得以通过。这次国会已经证明了不应该制定关税立法”(*Congressional Record*,March 4,1930:5976—5977)。就在投票重新考虑木材税之前,马萨诸塞州的民主党参议员大卫·威尔士(David Walsh)表示:

> 我不得不说,最近几周在这里发生的事情在某种程度上动摇了我对参议院的信心,参议院的判断力完全反映在尽心竭力的违规行为上。如果这里不存在“互投赞成票”,也就是说投票交易,那么还有其他一些无形的影响带来投票倒戈和判断逆转,这在立法史上是前所未有的。在这里有许多可疑的情况与项目的投票倒戈有关。事实上,人们已私下承认,所有重要项目的投票已经被交换并且将要被交换。(*Congressional Record*,March 20,1930:5669)

但是,一些参议员坚决支持对其选民利益的关税,科罗拉多州的参议员查尔斯·沃特曼(Charles Waterman)和弗吉尼亚州的参议员卡特·格拉斯(Carter Glass)之间的对话就是很明显的例子:

> 查尔斯·沃特曼——我在参议院已经说过了,我也曾在其他参议员面前说过,以永恒之名!我要说如果哪一州的参议员投票反对保护我们州的产业,我不会为他所代表的州的产品投赞成票。我绝对坚持这个原则。
>
> 卡特·格拉斯——我可能在鉴别上有天生的缺陷,但我真的看不出这类信条与单纯的选票交易有什么区别。
>
> 查尔斯·沃特曼——我不在乎你管它叫什么!只要我坐在这里,我就这么做。(*Congressional Record*,March 19,1930:5601)

一些国会议员开始将该议案称为“格兰迪关税”,以宾夕法尼亚州共和党参议员约瑟夫·格兰迪(Joseph Grundy)的名字命名。他一直是宾夕法尼亚州制造商协会(Pennsylvania Manufactures’ Association)的会长和美国关税联盟(American Tariff League)副会长,1929 年 12 月,宾夕法尼亚州州长任命他担任一个空缺的参议院席位。作为1928年胡佛竞选的主要筹款人，当全体委员会中削减工业品关税后，不带有一丝歉意或尴尬，格兰迪暗示，任何为竞选捐款的组织都有权以提高产品关税的形式收回资金。他称中西部和西部农业地区为“落后地区”，这又激起了他们的不满。

资料来源：《圣路易斯邮讯报》(*St. Louis Post-Dispatch*)。

图 1.6　参议院格兰迪地图

除了修改两党联盟版本的许多关税的变化，里德·斯穆特还特别关注加强对淫秽物品进口的禁令，这一禁令在全体委员会中已经被削弱了。正如《纽约时报》所报道的那样：“这位身材高大、神情紧张的参议院财政委员会主席满怀深情地宣读了一份精心准备的演讲稿，他在演讲中恳求参议院不要修改目前的审查制度，他的办公桌上堆满了据称是猥亵的材料。”(*New York Times*, March 18,1930:5)争论的焦点集中在哪些材料是淫秽的，甚至引发了对D. H.

劳伦斯(D. H. Lawrence)的《查泰莱夫人的情人》(*Lady Chatterley's Lover*)的讨论。斯穆特对这些作品嗤之以鼻,他一度喊道:

> 我希望它们都不要进来,但新墨西哥州的参议员不相信这些书中有一些是淫秽的。但我确实是这样想的。我认为它们不仅是一件坏事,而且是该死的。我现在想对参议员们说,一个孩子的父亲永远不会希望孩子看到这种淫秽的东西。我周围的参议员们也有一些这样的书。它们很恶心。它们也很残忍,非常残忍!(*Congressional Record*,March 6,1930:5417)

最终,参议院同意审查外国书籍,里德·斯穆特对色情作品的斗争激发出一个经典的新闻标题——"斯穆特手撕一切不斯文"。打油诗诗人奥格登·纳什(Ogden Nash)的诗《祈祷》(Invocation)对这一场景有如下调侃(Nash,1931:24—26):

> 共和党参议员斯穆特来自犹他州
> 决定对淫秽"不能任由它"
> 哇!快来为斯穆特欢呼吧!
> 还有他的道义和文化!
> 开撕吧!斯穆特,为犹他州的利益开撕吧!
> 手脚一起上,牙齿也用上。
> 拿起木棍打屁股,
> 嘘!不能这么说!
> 要说"手执教鞭予以鞭策"。
> 不久我们就成了堪萨斯人。

纳什的另一首打油诗是这样的:

> 参议员斯穆特很斯文,代表着一种文明制度很斯文,
> 他不为金钱和欲望所贿赂和动摇。
> 保护我们的家园不受色情的侵扰,
> 所有的色情书籍要经由他先目睹。

开战吧！参议员，为家乡的利益开战吧！
从东海岸到西海岸，从加拿大到墨西哥湾，
让所有色情能到的地方，都见识一下你的“强硬和坚挺”！

里德·斯穆特也反驳了那些认为提高进口关税无法帮助农户的观点。威斯康星大学经济学家约翰·R. 康芒斯(John R. Commons)、本杰明·H. 希巴德(Benjamin H. Hibbard)和塞利格·珀尔曼(Selig Perlman)的一项研究发现，许多农产品关税并不会有效地帮助国内生产者。他们的结论是，该关税将对亚麻、橄榄油、豆油、糖和羊毛全面有效；对荞麦、黄油、酪蛋白、牛奶和奶油、绵羊、羔羊肉、山羊肉、瑞士奶酪和高蛋白小麦有部分作用；对大麦、糖蜜、切达干酪、椰子油、玉米、棉花、黄麻、棉籽油、鸡蛋、燕麦、黑麦和其他小麦不起作用。就糖而言，他们计算出，1928 年的超级关税让美国公众付出了 2.89 亿美元的高价，而《斯穆特-霍利关税法案》将使这一数字增加到每年 3.84 亿美元。[①]

里德·斯穆特否认了这份报告和这些数据，称这些著名的经济学家犯了一些愚蠢的错误，并且称如果他们失准的程度比他们在糖上失准的程度少一半，那么小册子的每一行都是空话。斯穆特说，国会正在被要求接受经济学家的建议，“而在这个问题上，这些经济学家没有一点实践知识”。但是“富有实践经验的制糖人出现在参议院财政委员会上，告诉他们提高粗糖的税率是绝对必要的。他们向我们保证，较高的税率不会对消费者构成威胁，也不会对古巴的福利构成威胁”(*Congressional Record*，October，1930：1368)。

尽管两党联盟在全体委员会的讨论中在降低关税上取得了适度的成功，但是斯穆特及其盟友在当天晚些时候赢得了关键性的胜利。在 3 月审议该议案的最后阶段，参议院从全体委员会的版本中增加了 75 项进口税，价值 3.55 亿美元，并减少了 31 项进口税，价值 3 400 万美元。结果，“叛乱”的共和党人开始猛烈抨击该议案。拉弗莱特大发雷霆：

农户被这项议案出卖了。农户的脊背被当成了跳板，让代表自身行业利益的工业的游说者借此跳到更高的新关税水平。给予农户的，

① 这份报告在 1930 年 1 月 11 日的《国会记录》(*Congressional Record*)第 1439—1447 页中重印。

> 在许多情况下其实是无效的农产品关税，带来的却是对农场运营中使用的几乎每一件物品支付更高价格的义务。（*Congressional Record*，March 24，1930：5977）

拉弗莱特称这是美国历史上最糟糕的关税议案，他认为这项议案会让消费者因价格上涨付出 10 亿美元的代价。

资料来源：《哥伦布快报》（*The Columbus Dispatch*）。

图 1.7　忙着在高保护性关税大伞下争名夺利的各个派别与独自在风雨中凌乱的美国消费者

参议院的辩论是繁重艰辛而又让人筋疲力尽的。参议院对众议院的版本进行了 1 253 项修正，要么是技术上的改变，要么是税率上的改变。议员席上的辩论从 1929 年 9 月持续至 1930 年 2 月，总共进行了 527 个小时，填满了《国会记录》的 2 638 页，印刷费用为 131 000 美元（*New York Times*，March 30，1930：22）。会上议员们发表了许多冗长的演讲，包括亚利桑那州的民主党参议员亨利·亚瑟(Henry Arthur)关于西红柿的15页演讲和北达科他州的共和党参议员杰拉德·奈(Gerald Nye)关于木材的35页演讲。

最终,参议院完成了审议并于1930年3月24日通过了该议案,即在众议院最初通过该议案的10个月之后。最后的投票是53对31,共和党46票对5票赞成,民主党以26票对7票反对。由于参议院的版本包括了出口债券,并拒绝给予总统弹性关税授权,许多反对者(包括博拉)投了赞成票,只有5名共和党人反对。

与众议院的议案一样,随后对参议院投票模式的统计分析得出结论,党派因素占主导地位。理查德·库皮特和尤厄尔·艾略特(Richard Cupitt & Euel Elliott,1994)对《斯穆特-霍利关税议案》具体修正案的几次参议院点名投票进行了检查。他们发现,政党可以解释观察到的投票模式,而且几乎没有证据表明经济利益对这些投票有任何影响。当然,严格的党派投票模式与在制定关税立法中发挥重要作用的经济利益的考量并不矛盾。由于两党都是拥有不同选区的大型投票交易实体,因此,党派最终投票并不一定反映出具体经济利益考量的作用。道格拉斯·A. 欧文和兰德尔·S. 克洛兹纳(Douglas A. Irwin & Randall S. Kroszner,1996)用实证方法研究了参议院针对特定商品的投票结果,以鉴定选票交易,而他们发现不同选区的经济利益是至关重要的。因此,在最终通过该议案时,党派立场的投票掩盖了各种特殊因素,而这些因素形成了最终议案里进口关税的结构。另一个问题是,是什么政治和经济因素导致了不同行业的关税结构。在这方面,一项统计研究取得了一些不太明确的结果,即“哪些因素决定了生产者群体影响政策的能力”(Hayford & Pasurka,1992:442)。

表1.2显示了进口关税议案经过的不同版本。在附表7中,农产品关税的平均税率从现有的22%上升到众议院议案中的33%,在参议院版本中上升到近36%。这使得国会议员得以宣称,他们已经成功地实现了关税平等,从而帮助农户。然而,其他清单,特别是陶器和玻璃器皿的清单也显著增加。这为反对者提供了口实,他们指出,制造商从关税调整中获益,而关税调整本应主要帮助农户。

表 1.2 国会考量《斯穆特-霍利关税法案》时所参考的不同阶段的关税税率 单位：%

产品类别	1913 年法案	1922 年法案	众议院议案	参议院财政委员会	参议院全体委员会	参议院议案
1. 化学品、油品、涂漆	16.09	28.92	31.82	29.37	30.32	30.95
2. 陶土制品和玻璃制品	31.67	45.52	54.87	53.61	48.12	53.09
3. 金属	14.32	33.71	36.34	29.45	32.37	32.35
4. 木材	6.07	15.84	25.34	15.65	15.57	15.65
5. 糖、糖蜜	39.23	67.85	92.36	84.75	68.17	77.15
6. 烟草	60.66	63.09	66.96	63.09	63.09	63.09
7. 农产品	9.84	22.37	33.35	32.40	35.84	35.95
8. 酒精饮料	25.54	36.48	47.44	47.44	47.44	47.44
9. 棉花	30.53	40.27	43.19	43.19	37.64	40.59
10. 亚麻、大麻、黄麻	10.06	18.16	19.03	19.36	19.50	18.95
11. 羊毛	20.86	49.54	58.09	56.87	57.12	57.38
12. 真丝	46.36	56.56	60.17	62.44	58.03	58.03
13. 尼龙	34.34	52.68	53.42	53.78	53.64	49.14
14. 纸张和书籍	21.67	24.51	26.14	26.13	25.63	25.19
15. 杂项物品	16.25	20.99	28.57	26.52	20.92	19.98
可比较商品的平均关税	21.08	34.61	43.15	40.54	37.84	39.98

资料来源："Comparison of Rates of Duty in Pending Tariff Bill of 1929", Senate Document No. 119, 71st Congress, 2nd Session, Washington, DC: GPO, 1930。

参众两院会议委员会

尽管保守派最终成功地使关税议案在参议院获得通过，但该议案的最终命运仍有疑问。众议院和参议院的版本之间存在巨大差异，尤其是在出口债券和弹性关税条款方面，以至于许多人认为，该议案会在会议委员会中被否决。众议院的版本没有出口债券，保留了弹性关税条款，而参议院有出口债券和修改后的弹性关税条款，允许国会，而不是总统，在关税委员会提交报告后改变进口关税。总统希望取消出口债券，并坚持采取弹性关税条款，赋予行政部门改变关率的权力。如果参议院不向众议院和总统的要求低头，协商将陷入僵局。然而，参议院投票要求其会议委员会成员维持出口债券，并修改弹性关税条款。

可以很现实地预估前景会陷入僵局。

1930 年 4 月，参众两院会议委员会召开会议，解决议案的两个版本之间的分歧。在关税税率方面，双方可以通过折中或在大宗商品上讨价还价来达成妥协。总的来说，会议委员会一般会在参议院版本的基础上提高关税，而后修改，使之更接近众议院的原始版本。最终，在扩大后的关税编码中的 3 293 项应课税品中，最终议案提高了 887 项商品的关税，降低了 235 项商品的关税，2 171 项商品的关税维持在 1922 年法案的水平。在降低关税 235 项商品中，有 75 项次要商品被转移到免税品目录。

障碍是出口债券和弹性关税条款。众议院的与会者拒绝让步，并拒绝了参议院的立场，而参议院与会者收到不放弃其版本的指示。5 月中旬，《纽约时报》报道，"所有迹象都表明，存在一个尴尬的、可能会持续很长一段时间的僵局，该僵局甚至可能危及该议案的最终通过"（*New York Times*，May 14，1930：6）。据说，甚至斯穆特也对关税议案的命运感到悲观。

斯穆特最终决定要求参议院免除与会者在出口债券和弹性关税方面的义务，否则僵局可能无限期地持续下去。5 月 18 日，保守派赢得了一场至关重要的胜利，参议院采取妥协性的方式以微弱多数通过了这些条款。在取消出口债券的情况下，最终投票结果是 42 票对 41 票。在加强弹性关税条款的问题上，投票结果是 42 票对 42 票，平局被副总统打破。如果没有这种让步，该议案很可能会因参众两院无法达成一致而夭折。通过屈从于众议院的要求，参议院为议案的最终通过扫清了道路，但是这样做也疏远了一直奋力在议案中力保出口债券的共和党的"叛乱分子"。

这项议案仍旧悬而未决。在立法过程的大部分时间里，胡佛总统基本上保持沉默。显然，他并不关心人们对关税的争执不休或关税的结构，他相信，在议案通过后，可以利用弹性关税权来调整关税。现在，他威胁要否决该议案，除非它包含一个更强有力的弹性关税条款。威胁起作用了，会议委员会同意了总统的要求。胡佛（1952：295—296）回忆道：

> 5 月 24 日，我得知与会者们已经否决了里德·斯穆特参议员和

威尔斯·霍利众议员，并将弹性关税条款削减到几乎没有。我把我想要的条款写了出来。我传口信说，除非我的方案被采纳，否则议案将被否决。其结果是会议委员会报告中弹性关税条款的彻底胜利。

在一些剩余的细节上争论不休之后，众议院和参议院的与会者最终达成了一个统一的议案。1930年6月13日，参议院以44对42的票数通过了参众两院会议委员会议案。共和党39票赞成，11票反对，民主党30票赞成，5票反对[一位来自农工党(Farmer Labor Party)的参议员也持反对意见]。这种势均力敌的情况反映出议案失去了共和党"叛乱分子"的支持，他们对参众两院会议委员会议案剔除出口债券，并将工业品关税推高至高于参议院通过的水平感到失望。威廉·博拉和其他"叛乱分子"曾投票支持参议院的议案，因为那份议案包括出口债券，现在他们投票反对参众两院会议委员会议案，因为他们觉得这项议案背叛了农业。尽管"叛乱分子"让15名共和党人中有11人投了反对票，但他们对最终结果感到不满。内布拉斯加州的共和党参议员乔治·诺里斯宣布：

> 无论我们从什么角度看待我们面前的这个议案，我都不认为它值得辩护。它代表着完全疯狂的保护。它是为了获胜的商业组织的利益而构思和书写的，这些商业组织正在使用，在我看来是他们通过许多不公平和欺骗手段获得的权力，让国会通过一项最自私、最站不住脚的关税议案，这些关税议案是美国人民一直都关切的。在我看来，幕后的这些人将看到他们自取灭亡，因为毕竟从长远来看，一项有助于美国一部分民众但是损害和伤害美国另一部分民众的关税议案，最终将带来其自身的毁灭。(*Congressional Record*，June 12，1930：10546)

然而，有5名民主党人的投票对参议院议案的通过至关重要，而具体的商品关税说服了这些民主党人支持议案：路易斯安那州的糖、怀俄明州的羊毛、佛罗里达州的水果。

在众议院，由于共和党领导层对党内基层的强大控制，最终投票结果令人扫兴。在参议院投票的第二天，众议院以222票对153票的党派路线通过了参众两院会议委员会议案。[①] 最终投票前的辩论重复了几个月前主张的许多观点。在敦促议案通过中，威尔斯·霍利预言：

> 如果这项议案通过成为法律，我们将迎来一个新的繁荣时代，就像随着共和党通过的每一项关税议案一样，所有美国人，即各行各业将一如既往地分享该议案的好处，这将增加我们的财富，我们的就业，我们的生活舒适度，以及那些供应生活必需品的手段，这将促进我们在国外的贸易，使美国在世界面前仍然保持一个对所有人都可以提供稳定财政、公平和正义，一个一直可以自给自足的国家形象。(*Congressional Record*, June, 14, 1930: 10760)

绘画：塔尔伯特(Talburt)

资料来源：《纽约世界邮报》(*New York World Telegram*)。

图 1.8　一场想入非非的关税博弈：小猪变巨象

---

① 共和党以 208 票对 20 票赞成，而民主党以 132 票对 14 票反对(另外，农工党的一位代表也投反对票)。

纽约州共和党众议员弗兰克·克劳瑟(Frank Crowther)也做出了类似的预测：

> 一旦该议案成为法律，商业信心将立即恢复。我们应该逐步摆脱过去几个月来所经历的暂时衰退，繁荣将再次占据统治地位。外国的报复将烟消云散，我们将继续提高美国劳工和美国工资的标准。我们应该用持续繁荣的朝阳驱散你那悲观预言的乌云。(*Congressional Record*,June 14,1930:10788—10789)

反对者用激烈的言辞抨击最终的结果。威斯康星州共和党参议员约翰·布莱恩(John Blaine)批评该议案是对农业的背叛，指出“美国农户是不会被愚弄的，他们将知道其产品被设定了虚构的关税税率，而他们不会从中得到任何好处，也不能指望从中得到任何好处，然而，他们必须购买用于经营农场的工业制成品，而这些商品的关税已被提升得太高，甚至高得离谱”(*Congressional Record*, June 10,1930:10390)。得克萨斯州的民主党参议员约翰·加纳相信：

> 该议案违背了常识、正义和健全的经济学原则。在保护农产品的幌子下，在参众两院占多数的共和党人强加给工业制成品的关税是站不住脚的，这些关税只会加重农户和消费者多年来的负担；这些关税将会缩小，其实是消除，我们许多工业和农业产品的外国市场。(*Congressional Record*,June 14,1930:10761—10762)

加纳继续说道：

> 给予农业平等保护的一切努力都失败了。每一次试图将工业品税率降低到与农产品税率相同的程度的努力都遭到了控制该议案命运的那一小撮共和党领导人的反对。那些领导人制造了烟幕，并以此为掩护，将工业品税率操纵到关税制定史上的最高水平。他们试图通过提高生产过剩的农产品的关税来掩饰这一行动，施加在这些剩余农产品上的任何关税都是无效的。他们断然拒绝接受对农业剩余产品提供补贴的出口债券，然而，竟厚颜无耻地把这项议案作为救济农业的一项重大措施。(*Congressional Record*,June 14,1930:10762)

最后，他得出结论：

《霍利-斯穆特关税议案》不是由研究和调查派生出的经济事实应用的结果，也不是科学推论或发现应用的结果。它是政治上臣服于一个小而强大的集团的结果，这个集团有财力能够在华盛顿维持一个庞大而高效的游说集团，并在很大程度上控制共和党的财务和政策。人们普遍承认，游说者撰写并阐述了《霍利-斯穆特关税议案》。当然，公众对该议案中所包含的站不住脚的关税税率没有任何要求。另外，广泛而强烈的要求要么减少税率使农业与工业平等，要么否决议案。(*Congressional Record*, June 14, 1930: 10764)

资料来源：《费城记录》(*Philadelphia Record*)。

图 1.9　在一场指雁为羹的关税博弈中的美国农户

(工业扛回整个熏猪肉，农户则可怜巴巴地拿到一根猪尾巴)

胡佛的决定

随着国会通过了关税议案，人们的注意力转向了白宫，该议案在那里提交给胡佛总统签署。正如我们前面指出的，总统在当时受到了批评，此后也一直受到历史学家的批评，因为他没有就关税议案中所写的关税向国会提供更多的指导。正如《金融纪事报》(*Financial Chronicle*)所指出的那样：

> 对胡佛最严厉的批评之一是由于他拒绝公开其对关税调整的看法，或者拒绝公开他对那些蜂拥而至的反对关税的抗议活动的看法而引发的旷日持久的关税辩论。毫无疑问，如果他坚持自己的主张，这个国家将会有一个与刚刚生效的关税议案截然不同的关税议案。很难相信胡佛在关税议案中发现了让他可以引以为豪的东西，但如果胡佛先生坚定地表示反对，该议案中的一些不公正、过分和明显的不明智之处也许会被消除？(*Congressional Record*，June 21，1930：4303)

田纳西州的民主党参议员肯尼斯·麦凯勒(Kenneth McKellar)指责胡佛先生要对目前关税议案的混乱局面负责，"因为16个月来，他沉默不语、袖手旁观，没有展示出远见、领导力或勇气对国会提出要求——节制其对关税有限度的修改。相反，共和党人冷静地无视总统的'只有限修改关税议案'的建议，开始从上到下修改整个关税，并给予我们有史以来最高的关税税率"(*New York Times*，May 19，1930：4)。[①]

白宫被要求总统签署或投票的信件和电报淹没。胡佛(1952：296)后来写道，他收到了来自不同利益群体的代表关于批准或投票的大量建议。中小制造商支持这项立法，即使不是因为他们将可能获得实际利益，那么至少也是为了最终解决国会决策的不确定性。大型制造商，如汽车工业，担心外国对美国出

---

① 后来的历史学家对胡佛的评价也非常严苛，缘于他未能在关税制定过程的早期表现出领导力。历史学家艾伦·内文斯(Allan Nevins)写道："当高关税的'狼'们接管了这项议案，并开始在其中写下离谱的新关税税率时，他没有说任何话来谴责他们。他对整个局面的处理表现出惊人的笨拙。"(Leuchtenburg，2009：91)另参见斯奈德(Snyder，1973)。

口的报复。美国联邦农业局、农户联盟和国家农庄都支持这项措施，但其他农业代表怀疑这项立法会给农户带来多少帮助。劳工组织在官方上是中立的，尽管各个工会根据其产业受到进口或依赖出口的影响而采取不同的立场。[①]

资料来源：国会图书馆。

图 1.10　赫伯特·胡佛总统

---

① 1929 年，美国劳工联合会理事长重申，该组织从未承诺支持保护性关税或自由贸易。我们非常谨慎和小心地避免了这个有争议的领域(Leiter，1961：56)。

除了利益集团,公众对《斯穆特-霍利关税议案》的反应大多是负面的。总统通信秘书告诉他,在这个国家,很少有像该关税议案所引起的这样日益强烈的抗议(Leuchtenburg,2009:92)。与之前的关税法案相比,反对该议案的声音更大,要么是因为提高关税的经济理性太弱,要么是因为公众对在国会中特殊利益政治所扮演的明目张胆的角色和互拉选票更加敏感。参议院,以结果取决于哪个联盟占上风或者参议员之间交换了哪些选票,对同一商品的关税多次投票决定的壮观场面玷污了该机构的形象。它破坏了公众对立法机关能使关税免受政治影响的信心。

当然,公众对关税的看法很难引起重视,因为直到20世纪30年代中期,民意调查才开始进行。然而,一项对43个州343名报纸编辑的调查显示,绝大多数人认为这并不符合美国的最佳利益(Scroggs,1930)。对这项议案的反对意见来自美国各个地区。几乎每一家民主党报纸都反对关税议案,而77%的独立报纸和45%的共和党报纸也是如此。四分之三的报纸表示,关税不会对农户有帮助,却会减少对外贸易,并对经济产生不利影响(见表1.3)。在反对关税的报纸中,反对的声音是强烈而明确的,而在支持关税的报纸中,这种支持是不温不火的,甚至还带有歉意。报纸社论指责那些支持工业的游说者们撰写了议案并且为议案而花钱拉选票。斯塔滕岛(Staten Island)的一份独立报纸说,《斯穆特-霍利关税议案》使地方性利益考量的恶性循环永久化,这妨碍了在全国范围内任何合乎情理或者明智地对待关税问题,而纽约州詹姆斯敦(Jamestown)的一份共和党报纸称其为杂乱无章的政治权宜之计(Scroggs,1930:12)。

表1.3　报纸编辑调查民众对关税的态度

	肯定	否定	未决定
	相应百分比(%)		
《斯穆特-霍利议案》是否符合美国人民的最大利益?	25	69	6
农户是否会普遍受益于《斯穆特-霍利关税议案》?	26	74	—

续表

	肯定	否定	未决定
	相应百分比(%)		
如果关税议案成为法律,美国的对外贸易是否会下降?	78	22	—
国会对该议案的长时间讨论是否对美国的商业和繁荣产生了不利影响?	77	23	—

资料来源:斯克罗格斯(Scroggs,1930)。

该议案的支持者驳斥了报纸的批评。纽约州的共和党众议员弗兰克·克劳瑟认为:“自从众议院通过这项议案以来,煽动和谎言,可耻的谎言就一直猖獗。从那时起,编辑、记者、专栏作家、杂志作家、民主党人和国际观察家们栽了跟头、急切而又忐忑不安地想看看他们能对这个议案发表多少长篇大论,又能冷嘲热讽到什么程度。”(*Congressional Record*,June 14,1930:10787)共和党人继续辩称,法案将强化经济,并让生产商在国内市场获得优势。

1930 年 5 月初,一群美国经济学家发表声明,称提高关税是一个错误,并敦促国会否决该议案,或总统否决。这份由 179 所学院和大学的 1 028 位经济学家签署的声明被广泛传播,并于 1930 年 5 月 5 日在《纽约时报》头版以显著位置报道,并在《国会记录》上转载,媒体也对此发表了广泛评论(该声明载于附录)。《金融纪事报》称其为“美国历史上独一无二的文件。在此之前,从来没有一大批学者和专家自愿地集体组织起来反对一项悬而未决的国家立法”(*Financial Chronicle*,May 10,1930:3247)。

经济学家认为,美国制造商不需要更大的关税保护:“我们的工厂已经为我们的民众提供了超过他们消费的 96%的制成品,而我们的生产商指望国外市场消化他们机器不断增加的产量。进一步的贸易壁垒对他们不是好事,而是坏事。”更多的保护将会提高消费者价格,使高效的低成本企业获得更多利润,并鼓励低效的高成本企业增加生产。那些不生产可以被关税保护的产品的大多数工人将会遭受损失。农户将受到双重打击,首先要为他们消费的制成品支付更高的价格,然后在出口国外时面临更大的障碍。事实上,出口将受到损害,“因为除非允许其他国家向我们出售商品,否则它们就不能永远从我们这里购买商品,而我们越是用更高的关税限制它们的商品出口,我们向它们出口的可能性就越小"。最后,更高的关税"将不可避免地给国际经济关系注入苦涩","并明显地邀请其他国家在提高贸易壁垒方面与我们竞争"(*Congressional Record*,May 5,1930:8327—8330)。

当被问及对经济学家声明的看法时,威尔斯·霍利说我不便表态(*Financial Chronicle*,May 10,1930:3289)。该议案的其他支持者拒绝了经济学家的建议。纽约州的共和党众议员大卫·奥康奈尔(David O'Connell)说:"我对经济学家没有耐心,他们不断地对这项立法提出站不住脚的反对意见。"(*Congressional Record*,May 5,1930:8383)加利福尼亚州的共和党参议员塞缪尔·肖特里奇(Samuel Shortridge)对经济学家们的意见也同样不屑一顾:"对于那些从来没有靠诚实劳动挣过一分钱的大学教授们的声明,我没有感到过分的恼火,也没有感到不安。这是一群理论家和梦想家。我没有被他们的声明吓倒或者受到干扰。我对报纸的民意调查一点也不感到不安,无论是都市杂志还是乡村出版物。"(*Congressional Record*,May 10,1930:9133)西弗吉尼亚州的共和党参议员亨利·哈特菲尔德(Henry Hatfield)指出:"这些专家在大学里与世隔绝,躲在一大堆数据背后,没有机会看到美国工业福利实际生活方面的问题。"他轻蔑地称这些人为"知识分子自由贸易商",指出"他们似乎更关心外国人的繁荣,而不是我们自己美国人民的福祉"(*Congressional Record*,May 28,1930:9704)。①

著名社会评论员、金融家实业家和其他顾问也要求胡佛否决关税议案。德高望重的记者沃尔特·李普曼(Walter Lippmann)批评这一关税议案是愚蠢和贪婪的卑劣而又充满恶意的产物。银行和金融机构的高管提醒胡佛,美国在第一次世界大战后成为一个债权国,而高关税削弱了其他国家赚取支付战争债务所需美元的能力,可能会破坏国际金融体系的稳定。胡佛总统的顾问、摩根大

① 长期以来,国会议员一直对学院派经济学家支持更自由的贸易持怀疑态度。正如里德·斯穆特曾经说过的:"一股强大的力量正在瓦解美国的贸易保护。这股力量潜伏在欧洲召开的国际经济会议中、隐藏在美国的经济学院中、隐蔽在对理论侃侃而谈的学术象牙塔中。对于美国和美国民众来说没有比对这些势力的盲从更具灾难性的了。"(*Congressional Record*,September 12,1929,3550)

通银行的托马斯·拉蒙特(Thomas Lamont)回忆道:“我几乎要跪下来请求胡佛否决愚蠢的《霍利-斯穆特关税议案》。该议案强化了全世界的民族主义。”(Burner,1979:298)据说,亨利·福特(Henry Ford)曾与胡佛交谈,并告诉他:“《斯穆特-霍利关税议案》在经济上是愚蠢的。”(Klingaman,1989:334)据说,国务卿亨利·斯廷森(Henry Stimson)为了说服胡佛否决这一议案,已竭尽全力游说了两天(Morison,1960:312)。

很难知道赫伯特·胡佛对签署该议案是否有任何认真的保留意见。[①] 总统历史学家理查德·诺顿·史密斯(Richard Norton Smith,1984:114)讲述了一个可悲的故事:

> 一位友好的实业家抛弃了总统认为“该议案已经变得不那么令人反感了”的论调了。当整个国家都认为该议案有百害而无一利时,胡佛觉得它还是可以接受的,这又能怎样呢?作为领导者和教育者,总统自己的功能又是什么呢?胡佛停下了他心烦意乱的涂鸦。他以一种几乎无法超越其办公桌的声音为自己的行为辩解,同时为自己的行为道歉。恐怕你不得不放弃我了。他对昔日的仰慕者说:“我永远不能成为你希望我成为的那种人。”

尽管有这些请求,总统不可能在这么晚的时间否决该议案,尤其是在国会同意了他对弹性关税条款和出口债券的要求之后。胡佛似乎从不关心关税税率本身。他关心的是在议案中保留弹性关税条款,并将出口债券从议案中剔除。鉴于共和党控制的国会已经提交了一位共和党总统要求的关税立法,而且

---

① 人们经常引用胡佛的话说,这项议案是恶毒的、令人讨厌的。不幸的是,这个故事的来源并不可信。1931年,华盛顿记者德鲁·皮尔森(Drew Pearson)和罗伯特·艾伦(Robert Allen)撰写了一本八卦书籍《华盛顿旋转木马》(*Washington Merry-Go-Round*),他们以提出许多未经证实的指控而闻名。作者写道,保守派高关税黑帮威逼胡佛签署《斯穆特-霍利关税议案》,而这一议案以千变万化的方式违反了他对关税所持的每一个观点,就在他偷偷宣布同意签署议案的几个小时前,他还向朋友们描述该关税议案是恶毒的、令人讨厌的。不管他是否真的用这些术语来描述这项议案,这项议案显然并没有违背他对关税的所有观点,因为他在整个职业生涯中一再支持保护性关税。

会议委员会通过了总统版本的弹性关税条款，他几乎不可能有理由否决该议案。[①]

然而，也许是由于公众的批评，总统是否会签署该议案的不确定性似乎挥之不去。1930 年 6 月 14 日星期天的深夜，白宫宣布胡佛总统将批准这项议案，这个不确定的问题也就解决了。第二天，纽约证券交易所的股价下跌了 1.16%。正如一家金融出版物所报道的那样：

> 关于其对关税议案的意图民众一直持有明显的怀疑，于是胡佛总统在星期天晚上煞费苦心地宣布他将签署这项议案。然而，它非但没有帮助市场，简直就是抱薪救火，由于该议案进一步提高了关税壁垒，金融界对它持反对态度。证券交易所现在实际上被卖单淹没了。大宗商品市场也同样低迷，棉花、谷物和大量其他商品的价格创下今年新低。(*The Annalist*，June 20，1930：10)[②]

第二天，白宫发布了一份声明，详细说明了总统批准该议案的原因。正如胡佛(1976：232—233)对该议案的描述：

> 它包含了部门利益和不同行业之间的许多妥协。在目前的制度下，没有任何已经生效或将会生效的关税议案是完美的。很大一部分项目总是以良好的判断调整，但它必然包含一些不平等和不公平的妥协。有些项目的关税将被证明过高，有些项目的关税将被证明过低。当然，没有一位身兼数职的总统，可以假装对围绕着这 3 300 项商品

---

① 正如米尔顿·美林(Milton Merrill，1993：332)所指出："胡佛因未能否决《斯穆特-霍利关税议案》而受到了严厉的批评。"批准该议案并不是总统的什么大错误。他的错误在于 1929 年春夏之际，未能履行共和党的领导职责。在 1929 年和 1930 年年初的几个月一直保持沉默，除了弹性关税条款和出口债券。胡佛实际上早已批准了该议案。因此，1930 年 6 月否决该议案已经太晚了。这将是对他在国会的所有支持者的否定，而且是向民主党人和共和党的"叛乱分子"卑躬屈膝投降，更是对像里德·斯穆特这样忠实的共和党成员遗憾的回报。要知道，斯穆特为了响应总统的意愿，费了很大的周折，加入了弹性关税条款，并取消了出口债券。请求胡佛否决该议案的 1 028 位经济学家早在一年前就应该施加实质性的压力。小山九三子(Kumiko Koyama，2009)强调，胡佛对弹性关税条款感兴趣是他签署该议案的主要原因。

② 《纽约时报》补充道："紧随赫伯特·胡佛总统宣布将签署新的关税议案之后，昨日，一股清算洪流以毁灭性的力量席卷股市，将股价推至年内最低水平。一种沮丧的感觉蔓延到了所有的投机市场。每个地方都倾向于都把责任推到国会身上。整个金融领域都听到了对关税议案的强烈哀怨。"(*New York Times*，June 17，1930：1)

的每一项的复杂事实做出详尽的决定，而这些事实已经需要国会数百名议员用一年加一个季度的时间关注。国会有责任在立法上修正关税税率。

对于胡佛来说，弹性关税条款是签署议案的主要原因。他说："我相信弹性关税条款可以在合理的时间内弥补不平等；这一条款是一个进步，给了人们极大的希望，可以让关税远离政治、游说和选票交易。"

但是胡佛也急于解决整个问题："对关税议案的长期争论而增加的商业界的不确定性是迫切需要结束的……正如我说过的，我不认为这个或任何其他关税议案的税率结构是完美的，但我相信，对整个问题的解决是紧迫的。没有什么比关税问题上的连续的扰动如此阻碍商业复苏。"现在，他总结到："在未来的许多年里，这个国家应该不受全面修订的影响。国会对议案的修订不仅干扰了企业，而且在游说、选票交易和利益集团活动中必须营造声势也扰乱了公众的信心。"

胡佛于 1938 年 6 月 17 日下午 12:59 在白宫的一个小型仪式上签署了 1930 年《关税法案》。第二天早上生效。胡佛从未对签署关税议案表示遗憾，他在后来的几年和 1932 年竞选期间继续为签署该议案辩护。然而，多年后反思这些事件，胡佛(1952:299)承认，尽管改革有好处，但将关税提高、打破原有的平静是一个政治败笔。

正确解读《斯穆特-霍利关税法案》

《斯穆特-霍利关税法案》被恰当地描述为一项反常的、残暴的立法，反映了特殊利益政治和政治集团间互投赞成票的失控。然而，从共和党之前的政策来看，《斯穆特-霍利关税法案》并不是完全不同寻常的。鉴于 20 世纪 20 年代农业遭受的经济困难，在 1928 年的竞选期间，共和党人呼吁修改关税是很平常的事。《斯穆特-霍利关税法案》提高进口关税的程度也不是空前的，这在第二章中会讨论到。当然，政治集团间互投赞成票一直是关税立法的一部分，甚至在 1894 年和 1913 年的民主党的关税立法中也是如此，尽管在 1930 年它变得更加明目张胆。

也就是说，解释《福德尼-麦坎伯关税法案》背后的逻辑比解释《斯穆特-霍利关税法案》的更容易。1920 年选举后，政治控制权由民主党人转移到共和党人手中，共和党人强烈希望扭转民主党人制定的现行低关税政策。此外，第一次世界大战后，由于不稳定的货币判断导致经济严重衰退。这些因素在《斯穆特-霍利关税法案》修订开始时都不存在。在 20 世纪 20 年代，共和党对政府的控制从未中断过。《斯穆特-霍利关税法案》的制定工作开始于经济接近商业周期顶峰的时候——1929 年的失业率只有 3%左右，而股市崩盘和衰退是发生在众议院已经通过该议案，参议院正在对其权衡的阶段。此次修订缺乏任何强有力的经济因素，多数独立观察人士认为，这不仅是不必要的，而且是有害的。

《斯穆特-霍利关税法案》在几个方面都是独一无二的。从众议院听证会到国会最终通过，这项立法比以往任何一项关税立法花的时间都长——从 1929 年 1 月到 1930 年 6 月共 18 个月。《斯穆特-霍利关税法案》长达近 200 页，比之前的法案长得多，也复杂得多。该法案对将近 3 300 个列举的项目规定了关税税率，从而使法案尾大不掉，难以实施，国会也难以管理。

对两党成员和那些关心关税议案的普通公众来说，立法上的磨难是巨大挫折的根源。日复一日，国会发现自己在争论诸如衣服别针、绳索、丝绸帽、玻璃棒、大麻籽油、纸板和含锌矿石等物品征收适当的进口关税这些鸡毛蒜皮的琐事，而它本可以在其他事项上工作。在 1929 年 9 月 10 日至 1930 年 3 月 24 日期间的 257 次参议院点名表决中，228 次涉及关税。《斯穆特-霍利关税法案》立法的曲折和令人不满的结果使国会议员痛苦地意识到修改关税的愚蠢之处。阿肯色州的民主党参议员撒迪厄斯·卡罗威(Thaddeus Caraway)指出：

> 问题是体制。在许多情况下，那些最不需要保护的行业得到了保护，而其他真正应该得到保护的行业却被忽略，或者没有得到他们应有的保护。在提交给参议院之前，看看议案中的列项。这些税率与进口没有明显的关系，即使有，往往与个人的收入能力或者寻求更高关税的公司关系也不大。(*New York Times*, November 10, 1929:21)

问题是，国会议员只关心他或她所在选区的特殊生产者利益，而不考虑更广泛的国家利益，特别是那些在立法过程中没有被代表的利益。马萨诸塞州民主党参议员大卫·沃尔什(David Walsh)也是这么说的，“现行关税税率的细节一部分是荒谬，一部分是党派欺诈，为了掩盖关税的真正含义，即大量的私人利益诉求的立法而进行的党派欺诈”(*New York Times*, November 10, 1929: 11)。例如，尽管1927年土豆进口占国内消费的比例只有1.24%，但是缅因州共和党代表卡罗尔·比迪(Carroll Beedy)还为提高土豆进口关税辩护：

> 我主张不要将问题局部化。诚然，关税在许多情况下是一个地方问题，但对美国土豆行业保护不足是一个全国性的问题。(*Congressional Record*, May 16, 1929: 1424)

让参议院遭受公众嘲笑的是，参议院就对一系列令人眼花缭乱、晦涩难懂的进口商品征收的精确关税税率举行了多次投票，场面非常壮观。参议院反复考虑对各种化学品(单宁酸、电石、酪蛋白、锂)以及其他产品(包括橄榄油、软木绝缘材料、草帽、粗石膏、碎石膏、枣子、猪油、绳索、管风琴、芥菜籽、纽扣、雨伞、蜂蜡和高粱)的关税。但是对碳化羊毛落棉、羊毛破布、羊毛纱线、羊毛废料等的关税单独投票。国会议员们花了大量的时间讨论无数的商品，而他们中的大多数人对这些商品知之甚少。

在制定关税税率时缺乏任何特定的经济理性也令人不安。经济学家弗兰克·费特(Frank Fetter, 1933: 418)指出：“尽管在辩论中人们假装对国家利益秉持某种客观的考量，然而针对单项商品关税税率的投票记录却明显支持了那种纯粹从自身利益出发的主张——提升了自己选区产品的价格就是好的保护手段，而提升别人选区产品的价格就是糟糕的保护措施。”关税税率的改变与共和党设定关税以平衡国内外生产者之间生产成本差异的旧目标没有什么关系。然而，关税委员会声称对进口番茄罐头征收31%的关税可以平衡生产成本，国会设定的关税是50%。当委员会发现每蒲式耳56美分的亚麻籽关税将使成本持平，国会将关税规定为65美分。[①] 事实上，在《斯穆特-霍利关税议案》修正案

① 这些例子以及更多的例子都来自佩西·比德韦尔(Percy Bidwell, 1930)。

出台时，共和党人实际上放弃了根据竞争条件的不同而制定不同的生产成本标准，这是一种更模糊、更有弹性的准则。

最终的结果只有极少数的利益相关方满意，却招致公众的广泛批评。更糟糕的是，关税修订背后的两个主要前提存在缺陷：它可以减轻农户的负担，而且弹性关税条款可以消除关税中的不公平。

共和党人以关税修订将有助于农业为借口，开始了这条道路。然而，正如前面所指出的，大多数农户所面临的关键问题，即低价格和高负债，不能通过进口限制改善，因为大多数农户没有面临来自进口的竞争。大多数农户生产的产品都是出口的，在世界市场上的价格很低，进口关税根本无法改变这个问题。最后，大多数农户根本无法从高关税限制进口中获得很多经济利益。得克萨斯州民主党众议员约翰·加纳指出：

> 该议案的支持者认为其有利于农业的论点是荒谬的。除了少数例外，提高农产品的关税是无效的，实际上，每次提高制造商产品的关税都是有效的。所有给予农业平等保护的努力都失败了。(*Congressional Record*, June 14, 1930:10762)

随后的研究证实，《斯穆特-霍利关税法案》实际上降低了农业生产者获得的有效保护率，因为对其他商品的关税提高得更多。[1]

就弹性关税条款而言，胡佛被改革税法的希望所迷惑。尽管胡佛总统可能想在弹性关税条款上做更多的事情，但是从过去的经验来看，几乎没有理由期待出现重大变化。尽管其目标是降低悄悄进入关税法典的过高关税，但在20世纪20年代共和党执政期间该条款并没有起到这样的作用。很少使用弹性关税条款改变关税税率，部分原因是提议的改变需要关税委员会进行耗时的调查。从1922年到1929年，关税委员会收到了375种商品的600多份税率调整申请，但它只完成了55种商品的47项调查(Kelley, 1963:18—19)。在此期间，关税委员会向总统发出了41份建议改变关税的报告，而总统发出了37份改变

---

① 罗伯特·B. 阿齐布尔德(Robert B. Archibald)、大卫·H. 费尔德曼(David H. Feldman)、马克·D. 海福德(Marc D. Hayford)和卡尔·A. 帕苏尔卡(Carl A. Pasurka, 2000)计算了《斯穆特-霍利关税法案》的关税结构如何改变了一些产品的有效保护率，但是发现它总体降低了对农业的保护。

关税的公告。只有五种商品的关税降低，但都是一些小的不知名的商品，例如磨粉饲料、山鹑、油漆刷把手、苯酚和甲酚酸。[①] 尽管总统成功地保留了这一条款，但在随后的几年里，它几乎没有被使用过。[②]

资料来源：《奥马哈世界先驱报》(*Omaha World Herald*)。

图 1.11　胡佛先生："让威力(Willie)来处理吧"

前面提到的研究《斯穆特-霍利关税法案》的政治学家谢茨施耐德不认为该法案属于党派政治，或者是对保护意识形态的依恋，它的诞生是因为一旦提出修改关税的想法，就没有任何力量可以阻止生产者集团要求和接受更高的关税。然而，由于他几乎完全专注于公开听证会，谢茨施耐德对整个立法过程提供了一幅不完整的——事实上，非常具有误导性——的画面。当然，在只有少

---

① 对 16 种化学品、小麦粉、黄油、草帽、印刷辊、生铁等 32 个批次加征关税，对出租车计价器、男式缝制草帽、硝酸钠、沉淀碳酸钡、洋葱等严格限定的商品加征关税，加征幅度通常在 50%。

② 在 1930 年 6 月 18 日至 1933 年 11 月 30 日，关税委员会发起了 105 次调查，61 次是应参议院要求，9 次是根据总统的命令，35 次是根据利益关涉方的申请。完成了 57 项调查，结果，总统决定降低 26 种商品的关税税率，提高 23 种商品的关税税率，8 种商品的关税税率保持不变(U. S. Tariff Commission，1933)。关税税率下降的商品包括食用明胶、橄榄油、长石、曲木家具、木粉、茄子、管风琴和绵羊毛海绵。

数生产者利益参与的委员会听证会上，国会收到的对关税立法所影响的经济利益范围的看法自然是非常偏颇的。因为选择把重点放在委员会听证会上，而不是众议院和参议院的辩论上，谢茨施耐德并没有提到，参众两院的大多数民主党人和参议院农业利益共和党人强烈反对该议案。关于该议案的争论既激烈又困难，国会并没有简单地满足任何私人利益的要求。

结论

《斯穆特-霍利关税法案》的一个讽刺之处在于，它并非主要源于利益集团的压力。总的来说，在 1928 或 1929 年美国的制造商并没有强烈要求提高关税，而美国的农户意识到更高的进口关税对国内价格的影响有限，他们希望获得某种形式的补贴，以减轻他们在财务上的困境。拒绝考虑补贴，共和党政客提出征收关税，希望以此来安抚农业利益集团，并表明他们正在为农业做些什么。一旦关税改革的大门打开，一些集团，特别是中小型制造商就非常乐意接受这一提议，为自己寻求更高的进口关税。这一过程失去了控制，结果，《斯穆特-霍利关税法案》永远与互投赞成票、特殊利益政治以及国会议员只能局限于思考自己领域的问题联系在一起。这一事件表明，在利用经济立法为自己谋利的问题上，政客和利益集团一样有罪。在帮助农户应对低价格和高负债问题上，政客们更感兴趣的是表象，而不是实际行动。

就政治战略而言，《斯穆特-霍利关税法案》代表了激进的共和党的“叛乱分子”的巨大误判。威廉·博拉敦促当选总统的胡佛召开国会特别会议，通过修订关税来解决农业问题。激进派认为，国会将以有利于当地农业选民的方式改变进口关税，并可能包括出口债券，尽管共和党领导层过去在这两方面都没做到。“叛乱分子”低估了降低制成品关税的阻力，并高估了其他人会同意他们的要求的程度。他们开始对后果感到遗憾。

第二章

经济影响

1929 年夏天,参议院开始考虑众议院的议案,美国处于商业周期的顶峰。在接下来的四年里,美国经历了一场无情的经济收缩,即所谓"大萧条"。尽管经济衰退在 1930 年 6 月新关税生效前一年就开始了,然而许多人依旧指责是《斯穆特-霍利关税法案》将经济衰退变成了全面萧条。

在回顾这一有争议的观点之前,必须解决一个更基本的问题,即关税立法在多大程度上增加了关税并减少了进口。人们普遍认为,《斯穆特-霍利关税法案》将美国的进口关税提高到了荒谬的高水平。例如,戈特弗里德·哈伯勒(Gottfried Haberler,1976)认为,该法案将关税推到了摩天大楼的高度。也有人说,这样的说法有些夸张。阿尔弗雷德·埃克斯(1995)认为《斯穆特-霍利关税法案》不是一座大山,而是一座鼹鼠丘。要评估关税的经济影响,就要确定立法提高了多少进口关税。

在众议院正准备就该议案的最终通过投票时,威尔斯·霍利报告了关税委员会对最终议案中关税的计算结果(见表 2.1 列一、列三)。它表明,如果 1930 年最后立法中的税率适用于 1928 年的实际进口,它将把应课税进口产品的平均关税从 38.75%提高到 41.14%,增幅约为 6%。[①] 然而,关税委员会从未公布过这一计算结果,与 1930 年 3 月关税委员会公布的计算结果不一致。1930 年 3 月的计算表明,众议院议案将增加 25%的进口关税,参议院议案将增加 16%。由于参众两院会议委员会采用的关税税率更接近于众议院议案中的税率,看起来最终的计算结果应该是增加接近 20%。

威尔斯・霍利先生提出的小幅增长有两个原因。首先,与 1930 年 3 月关税委员会的计算不同,表 2.1 第一列计算的关税不包括根据 1922 年《关税法案》免税但根据 1930 年《关税法案》应课税的商品。排除这些商品后,威尔斯・霍利先生提高了 1922 年平均关税的估计水平,将这些商品包括在内,1922 年《关税法案》平均关税从 38.75%降至 34.6%,这使得《斯穆特-霍利关税法案》带来的变化更大。第二,1930 年 6 月威尔斯・霍利先生提出的杂项的平均关税下降了约 9 个百分点。这种下降实际上并没有发生。相反,这种反常现象是由于 1922 年《关税法案》和 1930 年《关税法案》的平均关税在计算上的技术差异造成的。在进行可比计算时,杂项的平均关税应为 25.86%,而不是威尔斯・霍利先生报告的 37.76%。[②]

表 2.1　　按关税分类表分类的《斯穆特-霍利关税法案》中的关税

税则归类	1922 年《关税法案》	1922 年《关税法修订案》	1930 年《关税法案》
		百分比(%)	
1. 化学品、油脂、油漆	29.72	28.92	36.09
2. 陶器和玻璃器皿	48.33	45.52	53.73
3. 金属及制成品	35.19	33.71	35.08
4. 木材及制成品	24.78	15.84	11.73
5. 糖、糖蜜及制成品	67.85	67.85	77.21

---

① 这是一种静态计算,假设进口保持在 1928 年的水平不变。

② 斯穆特在他的讲话中提到了这种反常现象,并指出纽约州共和党参议员弗兰克・克劳瑟称这是一种疏忽。这么大的跌幅从未被仔细探讨过;在 1935 年 3 月的关税委员会的计算对比中,杂项的平均关税从众议院议案中的 20.99%上升到 28.57%,在参议院议案中下降到 19.98%。1930 年 3 月关税委员会的计算结果显示,1922 年《关税法案》下的杂项平均关税为 20.99%,但 1930 年 6 月的计算结果再次显示为 37.8%,因为计算又一次没有把原免税进口的但在 1930 年《关税法案》下属于应课税的商品包括在内。

续表

税则归类	1922年《关税法案》	1922年《关税法修订案》	1930年《关税法案》
		百分比(%)	
6. 烟草及制成品	63.09	63.09	64.78
7. 农产品及食品	22.71	21.25	35.07
8. 烈性酒、葡萄酒和其他饮料	38.83	36.48	47.44
9. 棉花制成品	40.27	40.27	46.42
10. 亚麻、大麻、黄麻及制成品	18.16	18.16	19.14
11. 羊毛及制成品	49.54	49.54	59.83
12. 丝绸制成品	56.56	56.56	59.13
13. 人造丝制成品	57.75	52.68	53.62
14. 纸张和书籍	25.02	24.51	26.06
15. 杂项	37.76	25.86	28.45
合计(可比货物)	38.75	35.65	41.41

注:根据1928年的进口值和进口额计算关税。

资料来源:第一列和第三列来自《国会记录》(*Congressional Record*, June 14, 1930: 10748)。第二列基于文本所注的修订值。

呈现在表2.1第二列的两个修正将1922年《关税法案》下的平均关税降低到35.65%,而不是威尔斯·霍利先生报告的38.75%。这一变化意味着什么?如果按照1922年《关税法案》的税率计算,1928年应课税进口商品的平均关税是35.65%,按照1930年《关税法案》的税率计算是41.14%,那么平均关税增长是15.4%(或者5.5个百分点),远远高于霍利先生所报告的6%这一数字。

应课税进口商品平均关税的实际数字,以海关关税收入作为应课税进口商品的份额来衡量,与本修订一致。应课税进口商品平均关税从1930年第一季度的38.4%上升到1930年8月到10月这三个月的48.3%,平均税率上升了25.7%(几乎10个百分点)。[①] 出于稍后将讨论的原因,由于1930年第一季度

① 1930年第二季度并不具有代表性,因为它受到了大量进口的影响,这些进口希望在新关税实施之前,特别是在5月和6月进入美国。分析还排除了1930年第三季度,因为7月受到征收关税的影响。这些数据来自美国商务部《对外贸易月度总结》(*Monthly Summary of Foreign Commerce*)。

至第三季度进口价格下降了13%，关税在这段时间内可能会上涨7.6%。[①]考虑到如果没有《斯穆特-霍利关税法案》，关税也将会上升，这些数据表明，《斯穆特-霍利关税法案》将应税进口产品的平均关税提高了18%左右(6.4个百分点)。这足以将平均关税从38.4%提高到45.4%。

尽管对《斯穆特-霍利关税法案》提高了多少进口关税难免有不确定，但最佳猜测是，它可能将应课税进口商品的平均关税提高了15%至18%，增幅约为6个百分点。当然，这是一种平均效应，因为税则中的许多关税保持不变，更改后的关税增幅远高于这个数字。

从历史上看，《斯穆特-霍利关税法案》导致的增长并不是极端的。这明显低于1922年《福德尼-麦坎伯关税法案》所引发的增长，后者将平均关税税率比1913年民主党制定的税率提高了64%(超过13个百分点)。1913年的《安德伍德-西蒙斯关税法案》(Underwood-Simmons Tariff Act)使关税税率比以前降低了30%(13个百分点)以上。1890年《麦金利关税法案》(McKinley Tariff Act)将应课税进口产品的关税提高了约10%(4个百分点)。

然而，《斯穆特-霍利关税法案》引发争议的部分原因是，它在本已很高的"福德尼-麦坎伯关税"基础上又增加了关税。此外，关税并没有在1930年简单地飙升然后停止。图2.1显示这段时间应课税品的平均关税及全部进口货物的关税。1930年，应课税进口商品的平均关税有所上升，但1931年和1932年又进一步上升，达到59.1%的峰值，为美国历史上第二高的记录。[②]这是人们认为关税在此期间升至摩天大楼高度的原因之一。

1930年立法提高进口关税只是这一时期较高关税的部分原因。进口价格的严重通货膨胀也导致1931年和1932年应税进口商品平均关税的上涨。这

---

① 这种影响的产生是因为较低的进口价格增加了税则中的从价等效的从量关税。进口商品价格变化的百分比必须乘以系数0.6，以评估对平均关税的影响(Irwin，1998a)。在这个例子中，系数0.127×0.6=0.76。

② 1828年《可憎的关税》(Tariff of Abominations)颁布后不久，1830年应税进口商品平均关税达到61.7%。当然，1932年进口商品的平均关税税率(为19.6%)要比1830年的(为57.3%)低得多，因为许多进口商品在1932年是免税的。而在1830年，出于收入考虑，几乎所有的进口都要征税。

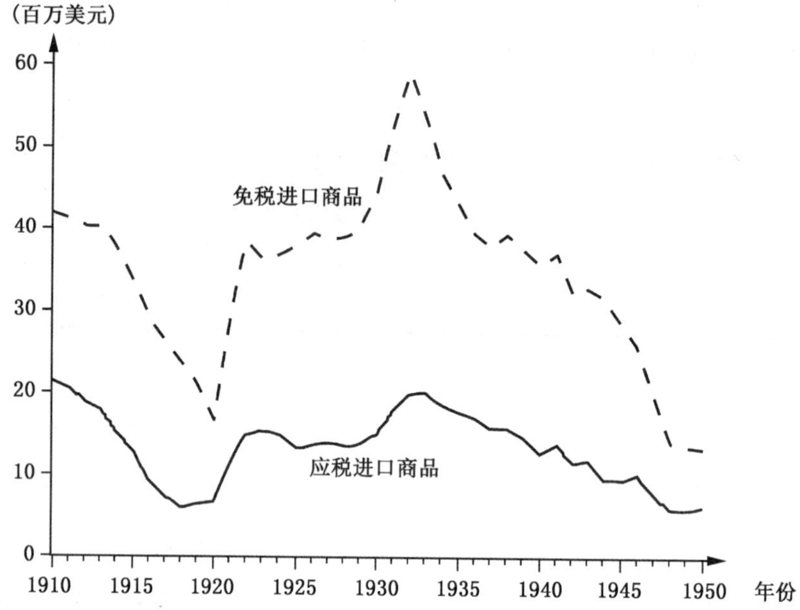

资料来源：美国商务部(U. S. Department of Commerce，1976，系列 U211－212)。

图 2.1　美国平均进口关税

是怎么发生的？对进口货物征收两种关税：从价税(占货物价值 15%的百分比)和从量税(每蒲式耳 42 美分的固定美元金额)。[①] 如果进口价格下降，从价税率保持不变，但是从量税的价值按货物价值的百分比上升。例如，如果进口衬衫平均价格为 20 美元，每件进口关税为 5 美元，税率为 25%。如果衬衫的价格降至 10 美元，进口关税保持在每件 5 美元，那么关税税率或者说从价税则从 25%翻倍到 50%。

在《斯穆特-霍利关税法案》实施时，美国关税税则中大约 2/3 的应税进口产品要被征收从量税。进口价格在 20 世纪 30 年代初暴跌，1930 年下降 18%，1931 年下降 22%，1932 年又下降 22%。由于价格下跌，1931 年，应税进口商品

① 例如，1930 年《关税法案》中的从价关税来自附表 2 第 208(f)段(陶土、陶器和玻璃器皿)："未经修剪的金云母，其长度不得超过两英寸或宽度不得超过一英寸的矩形片，从价关税按价格 15%计算。"特定关税的例子是附表 11 第 1105 段(羊毛以及羊毛制品)：毛条、初纺废料、卷纺废料、环纱废料，每磅 37 美分；回丝废料，每磅 26 美分；碳化羊毛落棉，每磅 30 美分；线或纱线的废料，每磅 25 美分；碳化的羊毛片或毛刺废料，每磅 23 美分；未碳化的则每磅 16 美分；其他羊毛废料，每磅 24 美分。

的平均关税逐渐攀升至 53%,1932 年升至 59%。[①] 通货紧缩导致的关税增加与《斯穆特-霍利关税法案》无关:这一情况始于 1929 年,受到货币政策变化的推动,因此,无论法案是否通过,都会发生。[②] 综观整个时期,《斯穆特-霍利关税法案》和通货紧缩的综合影响使应税进口商品的平均关税从 1929 年的 40.1% 提高到 1932 年的 59.1%,增幅为 47%。实际上,《斯穆特-霍利关税法案》将平均关税提高了 16%,而通货紧缩又使平均关税提高了 31%。[③] 因此,这一时期平均关税增加的三分之一是由于《斯穆特-霍利关税法案》,三分之二是由于通货紧缩。很明显,不应该把 20 世纪 30 年代初的高关税归咎于斯穆特参议员和霍利众议员。

对进口的影响

更高的"斯穆特-霍利关税"减少了多少进口?有两个理由可以预期它会对进口产生适度的影响:它对进口商品国内价格的影响有限,对进口商品的适用性也有限。

首先,关税对进口商品价格的影响是有限的。提高 16% 的关税并不意味着进口商品的国内价格增加 16%。如果应税进口产品的平均关税从 38.4% 上升到 45.4%,其国内价格只会上涨 5%。换句话说,一件 1 美元的进口商品在《斯穆特-霍利关税法案》生效前的售价为 1.38 美元,在《斯穆特-霍利关税法案》生效后上涨 5%,售价为 1.45 美元。[④] 当然,正如前面提到的,我们必须记住这是一个平均效应:由于许多进口关税在 1930 年的立法中没有改变,受更高关税影响的那些商品的价格将会上涨得更多。不过,总的来说,消费者不会注

① 对此现象的分析,参见克鲁西尼(Crucini,1994)和欧文(Irwin,1998a)。

② 相反,进口价格的通货膨胀是 1932 年至 1950 年间关税下降的主要原因,参见图 2.1,参阅欧文(1998a)。

③ 进口商品价格从 1929 年到 1932 年下降了 50%,所以系数为 0.3(0.5×0.6)。

④ 举一个极端的例子,如果进口关税从 1% 翻倍至 2%,国内价格不会翻倍。其价格效应是以$[(1\times t_I)/(1\times t_0)]I$ 计算的,其中是 t_0 最初的关税,t_I 是新关税。

意到这一重大变化。

其次，限制关税影响的事实是，1929 年美国进口商品中只有三分之一需要征收进口关税。高关税阻碍了应税进口产品，但在《斯穆特-霍利关税法案》生效之前，美国进口产品中有三分之二是免税的。这种免税的原材料和消费品总体上并没有与国内生产商竞争。1929 年，按价值由高到低计算，10 种最大的免税进口商品分别是生丝、咖啡、橡胶、铜、纸、石油、兽皮、纸张基本原料、毛皮和锡。因此，《斯穆特-霍利关税法案》中的高关税，只对全部进口商品中相对较小的一部分征收。

评估《斯穆特-霍利关税法案》对进口的影响的一种方法是直接看每月的进口价值数据。图 2.2 显示在此期间的应税及免税进口货物的价值，很能说明问题。1930 年 6 月进口激增，应税进口比前一个月增加了 26%。这反映了人们对新关税的预期，当《斯穆特-霍利关税法案》的命运最终得到解决时，新关税将生效。正如我们在第一章中看到的 1930 年 5 月初的时候还不清楚参众两院是否能

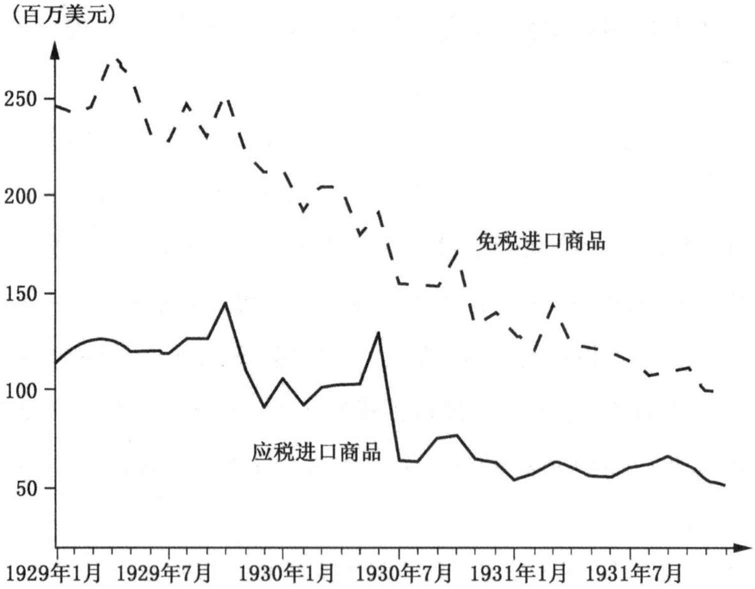

资料来源：《美国对外贸易月度汇总》(Monthly Summary of Foreign Commerce of the United States)，1930 年 12 月期和 1931 年 12 月期。

图 2.2 1929 至 1931 年每月应税及免税的进口额

协调两种版本的议案，胡佛总统是否最终会签署。5 月中旬，当参议院同意放弃出口债券，并给予总统弹性关税权力时，该议案的前景大幅改善。因此，进口商们将大量货物运进美国港口，希望这些货物能在新关税议案中更高的关税生效之前通关。有许多新闻报道说，在议案成为法律之前，船只竞相抵达纽约。

1930 年 6 月后，应税进口的急剧下降也在这个图示中很明显。不包括 6 月份的临时性进口激增，在征收关税前的三个月(1930 年 3 月至 5 月)和征收关税后的三个月(1930 年的 7 月至 9 月)间，应税进口商品的价值下降了 34%。同期，免税进口商品的价值下降了 31%。如果我们把免税进口作为一个对照组，表明在没有任何关税改变的情况下，应税进口商品将会下降多少，《斯穆特-霍利关税法案》显然使应税进口商品的价值减少了约 13%，比 1929 年的进口额减少了 1.9 亿美元。由于应税进口占进口总额的三分之一，我们可以假设，由于《斯穆特-霍利关税法案》，进口总额下降了约 4.4%。其他有关应税进口下降的估计数字与此非常相似，如果稍微高一点，就是 16%至 17%。[①] 根据这些估计，我们可以得出结论，《斯穆特-霍利关税法案》导致应税进口减少了大约 15%——13%－17%，足以使进口总额减少 5%。

虽然《斯穆特-霍利关税法案》确实导致了进口下降，但与随后的贸易崩溃相比，下降幅度相对较小。大萧条期间，美国对外贸易经历了和平时期最严重的崩溃。1929 年至 1932 年间，进口额下降了 40%。同期进口的下降幅度远远大于实际 GDP 25%的下降幅度。结果，进口占 GDP 的比重从 1929 年的 4.2%下降到 1932 年的 2.3%，而应税进口占 GDP 的比例从 1.4%下降到可怜的 0.7%。

这段时间进口下降有三个主要原因：1930 年的《斯穆特-霍利关税法案》；

① 以月度应课税进口为因变量，以月度免税进口为自变量，以《斯穆特-霍利关税法案》时期的虚拟变量为自变量，再加上月度虚拟变量的回归分析表明，关税使应税进口减少了约 16%。少数货物已从免税清单转至应税清单，但这将略微低估高关税导致的进口下降。雷·欧威德·霍尔(Ray Ovid Hall，1933)当时对关税对贸易的影响的评估是相似的。霍尔将进口分为两类：那些由于 1930 年的立法而受新关税影响的和那些关税没有改变的。后一类进口的减少被认为是总趋势的影响，而前一类进口的任何额外下降都归因于关税。在这一年中，即 1930 年 10 月至 1931 年 9 月，未改变关税的进口商品较 1929 年的价值下降超过了 43%，而改变关税的进口商品较 1929 年的价值下降了 60%。他的结论是，由于关税提高，美国的进口减少了约 1.9 亿美元，这意味着关税影响的进口下降了 17%左右，或者说进口总额将下降约 6%。

1929 年至 1933 年通货紧缩导致关税的增加；以及 1929 年到 1932 年国民收入(实际 GDP)的下降。图 2.3 显示，进口价值的下降与实际国内总产值的下降密切相关。如果不考虑关税导致的收入下降(这一点将在以后考虑)，那么收入下降导致美国对进口商品的需求下降似乎是进口下降背后最重要的因素。事实上，在实施《斯穆特-霍利关税法案》之前的一年(1929 年第二季度至 1930 年第二季度)，进口值已经下降了 15%，这个时期的实际 GDP 下降了 7%。

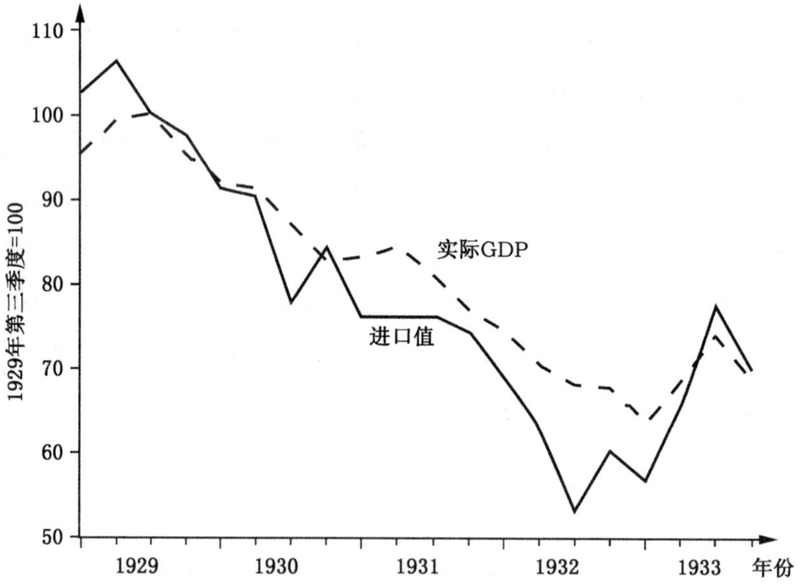

资料来源：实际 GDP 参见戈登(Gordon，1986)；进口值参见《时代商业调查》(Survey of Current Business)1951 年 7 月。

图 2.3　1929 年至 1933 年的每季度进口值和实际 GDP

使用进口需求方程的反事实模拟表明，进口量下降的 40%中 4—5 个百分点是由于《斯穆特-霍利关税法案》，8—10 个百分点是由于通货紧缩导致的平均关税提高。由此我们可以看出，进口下降的 12 —15 个百分点(30%—40%)是由于更高的关税，而 25—28 个百分点(60%—70%)是由于低收入。[①] 因此，

① 这是道格拉斯·欧文(1998b)估算的修订版。从 1930 年下半年到 1932 年下半年，平均关税上升了 54%，导致进口商品的相对价格上涨了 15%。大约三分之一的增长是由于《斯穆特-霍利关税法案》，剩下的三分之二是由于通货紧缩导致的从量税负担的增加。综合影响导致进口量减少 12%。

这一时期的进口下降,《斯穆特-霍利关税法案》本身占 10%—13%的责任。虽然这是进口下降的一个重要部分,但它不能解释进口的全盘崩溃。进口下降的大部分,即大约 2/3,是收入下降导致需求下降的结果。

《斯穆特-霍利关税法案》和大萧条

20 世纪 30 年代的大萧条是美国历史上最严重的经济衰退。从 1929 年中期商业周期的顶峰到 1933 年早期,实际 GDP 下降了 25%。国民失业率从 1929 年的 4%上升到 1933 年的 23%。工业生产在 1929 年 8 月到 1933 年 3 月之间下降了 55%。通货紧缩是 1929 年 8 月至 1933 年 3 月间一个持续存在的问题,批发价格指数下滑 37%,农产品价格下跌 64%。即使在 1933 年经济出现转机后,复苏仍不完全。又一次严重的经济衰退发生在 1937 年至 1938 年,直到 1939 年,失业率仍超过 17%,如果将政府设立的临时工作救济计划所雇用的工人计入就业,则失业率为 12%。[①]

尽管有些人认为《斯穆特-霍利关税法案》是对大萧条的回应,然而事实并非如此。正如我们所看到的,为了应对 20 世纪 20 年代农户所面临的经济问题,关税修订的准备工作始于 1928 年年末。那是在股市崩盘、工业生产下滑和失业率上升之前很久的事了。在 1929 年 8 月里,经济衰退之初可能导致参议院更倾向于 1930 年初的那部立法,但在这一点上,衰退仍相对温和。如图 2.3 所示,经济从未经历过产出的突然崩溃。相反,由于受到一系列日益严重的冲击,产出无情地下降了:1930 年年末的银行业恐慌,到 1931 年秋季更严重的银行业和金融问题,最后,在 1932 年大部分时间里持续的经济下滑,于 1933 年年初,在一场毁灭性的银行危机中达到顶峰。

如果《斯穆特-霍利关税法案》不是对大萧条的回应,它在某种程度上对大萧条负有责任吗?新关税是否改变了实际 GDP 的下降路径?《斯穆特-霍利关

① 这些数据来自卡特和达奇(Carter and Dutch,2006:系列 Ca9 和 Ba475),《美国统计摘要》(*Statistical Abstract of The United States*,1934:283,703)。关于大萧条时期美国经济的简要概述,参见罗默(Romer,1993)。

资料来源:《阿克伦时报》(*Akron Time Press*)。

图 2.4 "难辞其咎"的三代老保姆:成为经济衰退托词的《斯穆特-霍利关税法案》

税法案》对大萧条有强化、改善还是没有影响?

《斯穆特-霍利关税法案》对大萧条的影响是一个有争议的问题,事实上,对于这个问题的答案,专业经济学家们已经达成了共识。大多数经济学家,包括自由派和保守派,都不确定《斯穆特-霍利关税法案》在随后的经济紧缩中起了很大作用。2006年,当被问及《斯穆特-霍利关税法案》是否导致了大萧条时,芝加哥大学经济学家米尔顿·弗里德曼(Milton Friedman)回答说:

> 不。我认为《斯穆特-霍利关税法案》的确是一部糟糕的法律,它是无益于经济发展的,但《斯穆特-霍利关税法案》本身不会使四分之一的劳动力失业。①

① http://www.hillsdale.edu/hctools/ImprimisTool/archives/2006_07_Imprimis.pdf. Accessed June 16,2010.

其他主要经济学家也会同意这一评估。“《斯穆特-霍利关税法案》是大萧条的主要原因，是一个经久不衰的信念。”彼得·特曼(Peter Temin，1989:46)写道。“然而，尽管这个论点很受欢迎，但无论从理论上还是从历史上来看，它都是站不住脚的。”格里高利·曼昆(Gregory Mankiw，2009)说，《斯穆特-霍利关税法案》并“不是大萧条的原因，但它使世界贸易急转直下，毫无疑问是朝着错误的方向迈出了一步”。保罗·克鲁格曼(Paul Krugman，1990:103)明确表示，“所谓的‘保护主义导致了大萧条’的说法纯属无稽之谈。”罗伯特·卢卡斯(Robert Lucas，1994:13)认为，在一个真实的商业周期模型中，《斯穆特-霍利关税法案》所界定的关税规模的影响是微不足道的。

为什么大多数经济学家怀疑《斯穆特-霍利关税法案》在很大程度上导致了大萧条？首先，关税没有理由一定会引发1929年至1933年那种规模的大萧条。提高关税会提高进口商品的国内价格，改变国内经济活动的构成，增加与进口竞争的产业的产出和就业，减少了出口导向型产业的产出和就业。但没有理由认为，对国内产出的净影响是完全负面的：尽管用于出口的国内商品产量将下降，替代进口的国内商品产量将上升。此外，《斯穆特-霍利关税法案》中关税冲击的幅度根本不足以引发1930年后经历的那种经济收缩，法案使进口商品的国内价格提高了5%，而当时应税进口商品仅占GDP的1.4%。

历史经验证明了这一点。在美国历史上，进口关税曾多次改变，但并未导致经济崩溃或经济繁荣。例如，1922年的《福德尼-麦坎伯关税法案》提高关税的幅度要大得多，但随之而来的实际上是强劲的经济增长。(当然，这并不意味着增长是由于关税。)综观历史，商业周期对关税政策的影响远远大于关税对商业周期的影响。当经济陷入衰退时，政客们通常提高关税加以回应。[①] 关税变化对美国整体经济的影响通常很小(因为通常是对占GDP很小比例的进口关税的适度变化)，它们几乎从来不是商业周期背后的推动力量。

如果关税不是大萧条的主要原因，那么是什么呢？经济史学家的共识是，

---

① 这使得两者之间的关系很容易被误解。由于涉及政治时间差，关税往往在商业周期的低谷附近征收。当经济开始复苏时，人们观察到高关税和经济增长之间的相关性，有时会将其误认为因果关系。这是1922年发生的事情。

货币和金融因素是美国大萧条背后的主导因素。米尔顿·弗里德曼和安娜·施瓦茨(Anna Schwartz)于1963年出版的《美国货币史,1867—1960》(*A Monetary History of the United States, 1867－1960*)常被视为一个起点。弗里德曼和施瓦茨认为,美国的中央银行——美联储,在1929年至1933年间允许货币供应下降了约三分之一。这导致1929年12月至1933年6月之间的严重通货紧缩,例如,消费价格下降了25%。通货紧缩反过来意味着实际利率高得令人难以置信,正如克里斯蒂娜·罗默(1992)所言,这扼杀了商业投资。通货紧缩还增加了偿还所谓名义上仍固定不变债务的实际成本:根据本·伯南克(Ben Bernanke,1983)引用的证据,债务与国民收入之比从1929年的9%升至1933年的近20%。这导致借钱的人陷入财务困境,不良贷款的增加使银行面临财务压力。这不仅扰乱了信贷市场,还导致存款大量提现,因为没有存款保障,从而导致进一步的通缩。在整个金融动荡时期,美联储没有采取任何措施来缓解这种局面。①

特别是1931年10月美联储在经济已经脆弱到危险的时候,大幅提高利率的决定是对经济发展一个巨大的打击。要理解美国采取这一行动的原因,只有回顾一下美国和其他主要国家一样,也是实行金本位制的。金本位制意味着世界经济通过固定汇率制度紧密联系在一起,将货币和金融动荡从一个国家传递到另一个国家。当英国在1931年9月放弃金本位制时,美国开始失去大量的黄金储备。美联储的反应是提高利率,以阻止资金外流,并使美元与黄金挂钩。在这种情况下,美联储选择了维持汇率挂钩,而不是帮助国内经济,这导致了更高的通货紧缩和更多的银行倒闭,这只会加剧大萧条。

大多数经济学家认为,如果美联储采取更积极的行动来阻止银行倒闭,并抵消货币供应的下降,大萧条就可以避免。② 但美国实行金本位制的事实限制

---

① 关于美联储的政策,参见弗里德曼和施瓦茨(1963)与梅尔策(Meltzer,2003)。美联储的决策者对经济的看法是错误的(真正的法案信条主义),他们将低名义利率解读为货币政策宽松。

② 例如,1932年中期,随着美联储开始放松货币政策,经济开始企稳,但由于担心引发通货膨胀,经济迅速逆转,经济再次开始恶化。理查德森和特鲁斯特(Richardson & Troost,2009)的研究表明,美联储本可以采取一些措施来防止银行业恐慌。

了它的能力或人们认为它应如何行动的能力。① 事实上,美国经济并没有开始复苏,直到1933年4月美国总统富兰克林·罗斯福(Franklin Roosevelt)取消金本位制,通货紧缩才结束(Temin & Wigmore,1990; Eggertsson,2008)。与其他任何因素相比,扩张性货币政策是1933年之后经济复苏的关键,而放弃金本位制是这一政策转变的关键部分(Romer,1992)。

总之,没有强有力的理论或经验依据让人相信,更高的平均关税是商业周期低迷或扩张的主要原因。此外,货币和金融因素在造成大萧条方面具有压倒性的重要性。②

但是,即使它没有导致大萧条,《斯穆特-霍利关税法案》是否影响了大萧条的进程?要想知道《斯穆特-霍利关税法案》是否对大萧条产生了明显影响,只需看看关税实施前后的工业生产和农产品价格等的各种经济指标。图2.5描绘了美联储的月度工业生产指数。1930年6月下旬关税法案通过时,工业产出正在大幅下滑,关税实施后没有明显变化。关税没有阻止这种下降,但也没有加速这种下降。(鉴于通过减少进口来增加国内产出的余地很小,这并不出乎意料。)

图2.6显示了农产品月度价格指数。1930年7月,也就是《斯穆特-霍利关税法案》生效后的第一个月,农产品价格急剧下跌。这是否归因于关税或其他因素尚不清楚。当时一家财经刊物报道说:"没有特别的进展来解释小麦市场价值的再次下降,而进一步的贬值似乎完全由这一事实引发的,即美国联邦农业委员会及其子公司持有大量小麦库存准备投放市场,而且这个国家的新的冬小麦作物即将大量上市"(*The Annalist*,July 6,1930)。而关税似乎没有影响

---

① 经济史学家对美联储的政策行动究竟在多大程度上受到金本位制的限制存在争议。彼得·特曼(1989)和巴利·艾肯格林(1992)强调金本位对货币政策的约束,并认为金本位在使大萧条成为一种国际现象中发挥了很大作用。迈克·波尔多、伊赫桑·乔杜里和安娜·施瓦茨(Michael Bordo,Choudhri and Anna Schwartz,2002)与谢昌泰和克里斯蒂娜·罗默(Hsieh Chang-Tai and Christina Romer,2006)认为,美联储拥有足够的黄金储备,如果它愿意,本可以奉行更具扩张性的货币政策。

② 弗里德曼和施瓦茨(1963)在他们关于大萧条背后的货币因素的开创性章节中几乎没有提到《斯穆特-霍利关税法案》。施瓦茨(1981:22)后来认为,"美国对外借贷的减少和保护主义者的《斯穆特-霍利关税法案》显然是美国破坏世界金融体系稳定的行为",但没有详细说明。

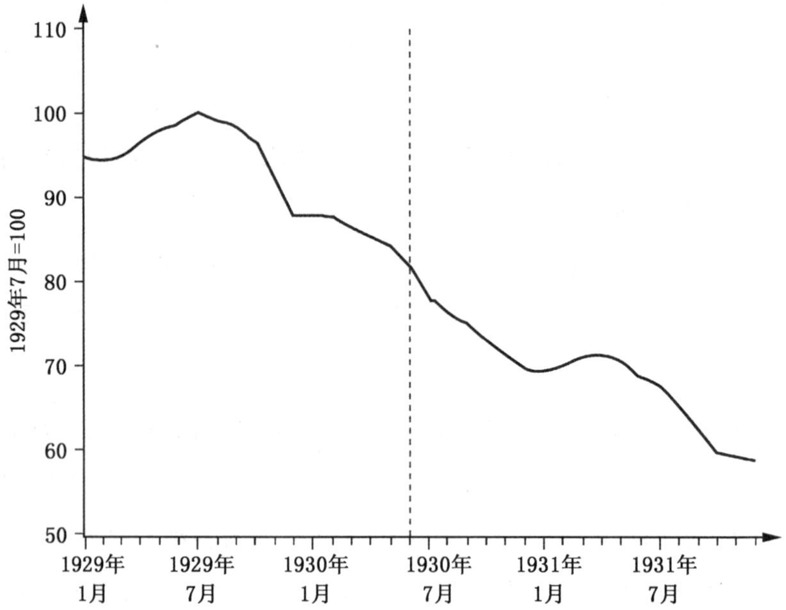

资料来源：http://www.federalreserve.gov/Releases/g17/iplist/iplist_sa.txt。

图 2.4　1929—1931 年工业生产月度指数(经季节性因素调整后)

到农产品价格下降的总体趋势。

当然，在经济受到如此多不同冲击的情况下，很难把《斯穆特-霍利关税法案》的影响孤立起来。人们普遍认为，它破坏了贸易，从而加剧了经济衰退。然而，一些经济学家认为，关税可能通过对经济提供短期刺激而缓解了大萧条。鲁迪格·多恩布什和斯坦利·费希尔(Rudiger Dornbusch & Stanley Fischer，1986:468—469)认为，关税可能有助于经济，因为无论从凯恩斯主义还是货币主义的角度来看，在没有报复的情况下，关税本身都是一种扩张性的冲动。按照凯恩斯主义的观点，进口的减少将需求转移到国内商品上，在货币主义者看来，如果不冲销，黄金流入会增加国内货币存量。由于美国实行固定汇率，这两个渠道都有可能发挥作用。

为了探讨这种可能性，我们将考虑三个框架——凯恩斯主义、货币主义和现实商业周期——以及其他几个潜在渠道以理解关税可能对宏观经济产生影响。

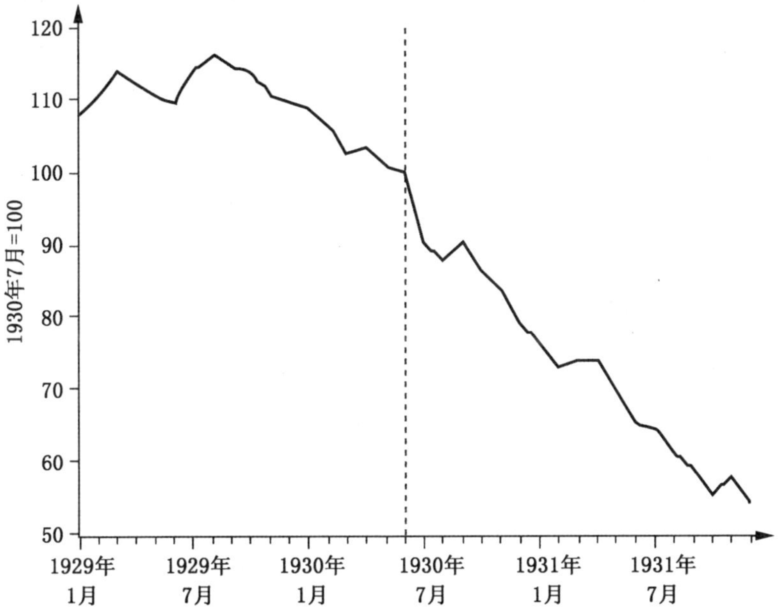

资料来源:《美国统计摘要》(1933:279)。

图 2.5　1929—1931 年农产品月度价格指数

凯恩斯主义的方法

根据凯恩斯主义的观点,关税的增加会把国内支出从外国产品转移到国内产品,从而以牺牲外国产品为代价增加国内产出。这就是所谓的支出转换。凯恩斯主义方法有时参考国民收入核算等式来解释:

$$Y=C+I+G+(X-M) \tag{2.1}$$

这里 Y 是国民收入 GDP,C 是消费支出,I 是投资支出,G 是政府支出,而 $X-M$ 是净出口(出口减去进口)。[①] 在这种情况下,任何减少进口的东西——减少 M——都会增加收入,在所有其他条件不变的情况下。如果关税降低了进

① 出口是国外对国内商品和服务的需求,而进口被扣除是因为国内支出的一些其他组成部分(如消费)包括进口商品。

口支出，而不影响出口（一个重要的条件），净出口就会增加，并且由于乘数效应，净出口对国内商品总需求的贡献超过比例。然而，如果出口下降的幅度与进口相同，那么净出口不会发生变化，对总需求也没有刺激作用。[①]

然而，通过提高关税来转变支出的余地极其有限。《斯穆特-霍利关税法案》使进口减少了 GDP 的 0.2%。由于现行的高关税，进口和国产产品之间的替代弹性可能很低，只有那些对于美国产品而言是非替代品的特种产品才进口。进口支出占 GDP 的一小部分，以及国内和国外商品之间的替代弹性较低，这两个因素都表明，减少进口对国内产出的影响将非常有限。

在一次模拟中，巴利·艾肯格林（1989）使用一个凯恩斯型模型提出，在没有外国报复的情况下，《斯穆特-霍利关税法案》的支出转换效应可以使国内产出增加 5%。即使有很大的乘数效应，考虑到 1929 年应税进口占 GDP 的 1.4%，似乎也不太可能产生这么大的效应。将有限的外国报复纳入模型后，艾肯格林发现《斯穆特-霍利关税法案》有一个较小但仍然为正的净扩张效应——约占 GDP 的 2%。艾肯格林（1989:36）的结论是，无论人们是否同意这种分析的细节，《斯穆特-霍利关税法案》主要通过贸易量产生的宏观经济影响与大萧条相比较小，这一点毋庸置疑。

这些模拟结果值得注意，并没有直接的经验证据表明《斯穆特-霍利关税法案》通过支出转换产生了任何刺激。如果是这样的话，进口的降幅应该大于出口，而实际净出口将为经济增长做出贡献（从财会的意义上讲）。图 2.7 显示，情况恰恰相反，出口降幅甚至超过进口降幅。从 1930 年到 1931 年，进口额下降了 12%，而出口额下降了 19%。在 1929 年至 1932 年间，进口额下降了 40%，而出口额下降了 49%。结果，在 1930 年至 1936 年间，只有一年除外，实际净出口拖累了经济，没有提振总需求（见表 2.2）。这意味着，出口和进口的

---

① 虽然这一等式对于思考一些问题是有用的，但它在理解贸易的好处时可能会产生相当大的误导。例如，如果贸易成本或贸易壁垒的减少允许贸易扩大，那么出口和进口都可能增加相同的数量，在这种情况下不会导致收入的变化。然而，这一贸易可能有重大的福利利益，而这些利益没有被计入该会计框架。举一个极端的例子，如果完全取消国际贸易，使进出口都为零，假定 C、I 或 G 没有变化，那么计算出来的国民收入应该保持不变。但这些部分肯定会受到贸易损失的影响，可能会带来灾难性的经济后果。我们将在本章后面再讨论这个问题。

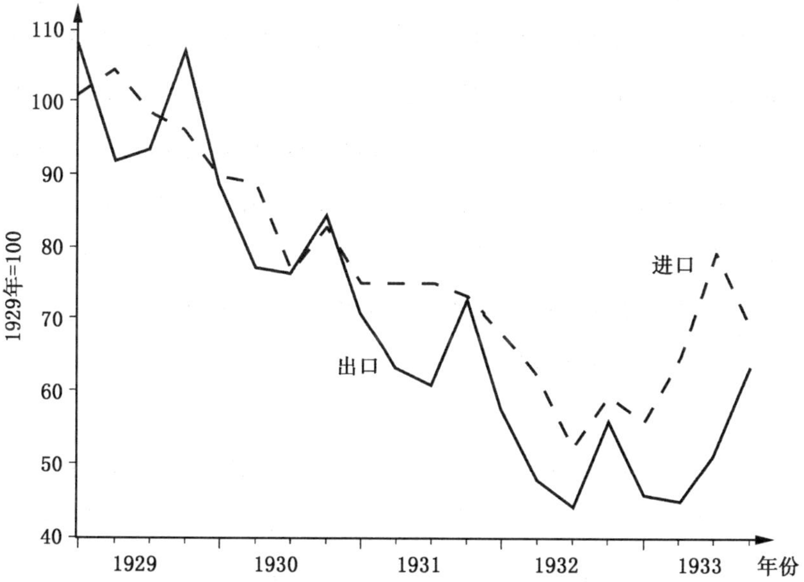

资料来源:《时代商业调查》(July 27,1951)。

图 2.7 1929—1933 年的每季度进出口量

趋势加剧了大萧条,但相对而言影响较小。

表 2.2 1930—1939 年对实际国民生产总值变化的百分比贡献

	实际国民生产总值	消费	投资	存货	政府	出口	进口	净出口
1930	9.9	4.4	6.3	2.0	1.1	−0.7	0.6	0
1931	7.7	2.4	5.8	−1.0	0.6	−0.8	0.6	0.2
1932	14.8	6.8	7.2	−2.3	0.7	−1.1	0.8	0.3
1933	−1.9	−1.4	0.4	1.4	−0.7	0.0	−0.4	−0.4
1934	9.0	3.9	3.0	1.2	2.4	0.1	0.0	0.1
1935	9.9	4.9	5.7	3.4	0.3	0.3	−1.1	−0.8
1936	13.9	7.5	3.5	0.4	2.8	2.8	−0.3	−0.1
1937	5.3	2.4	3.0	1.2	−0.5	−0.5	−0.6	0.2
1938	−5.1	−2.4	−6.2	−3.8	1.5	1.5	1.2	1.2
1939	8.6	4.2	3.4	1.9	0.7	0.7	−0.4	0.3

注:由于四舍五入和统计上的差异,组成部分之和可能不等于实际的国民生产总值。

资料来源:美国商务部(1976,系列 F 47—70)。

是什么导致了美国出口的大幅下降？对美国出口产品的需求下降可能是由几个因素造成的。这些因素包括：(1)寻求从出口到美国的商品中赚取美元的国家所面临的更大障碍；(2)国外大萧条导致的国外收入下降；(3)更高的外国关税和其他直接或间接针对美国的贸易限制；(4)随着其他国家(特别明显的是英国)放弃金本位制，允许本国货币对美元贬值，美元实际升值。

所有这些因素都可能起到一定作用。认为《斯穆特-霍利关税法案》加剧了世界贸易紧张局势，直接导致这些较高的对外贸易壁垒这一观点将在第三章中做更详细的讨论，但是多恩布什和费希尔(Dornbusch & Fischer, 1986:469)提到，1929年，出口占GDP的5%，而到了1931年，这一比例已降至1.5%。他们将整个下降归因于外国报复，并假设有两倍的乘数效应，他们认为实际净出口的下降将使实际GDP下降3%。即使我们接受这个过高的估计，它仍然只是1929年至1931年实际GDP下降15%的一小部分。因此，在某种程度上，《斯穆特-霍利关税法案》的结果，即不断恶化的世界贸易环境可能在加剧大萧条中发挥了作用。然而，为了充分解释这一情况，我们需要看看其他地方。

表2.3概述了三个关键时期国内需求和实际净出口的变化。1930年至1933年的实际净出口下降在某种程度上加剧了大萧条。实际净出口下降令人惊讶，因为美国的大萧条比其他国家严重得多，通常，一个比其贸易伙伴遭受更严重经济衰退影响的国家，会经历进口下降和出口停滞。1933年至1936年的实际净出口下降也令人惊讶。尽管在1933年4月美国退出金本位制之后，美元兑其他主要货币贬值，但实际净出口仍在拖累GDP增长。①

表2.3　　1929年美国农产品对外贸易情况　　货币单位：百万美元

时期	实际国民生产总值	国内需求	净出口
1930—1933年	−25.0	−24.3	−0.8
1933—1936年	−43.1	−43.9	−0.8
1936—1939年	−6.7	−5.5	−1.2

资料来源：美国商务部(1976：系列F 47—70)。

① 本·伯南克(1995)发现，不遵守金本位制的国家的出口增长要快于仍然遵循金本位制的国家。

总而言之，通过关税减少进口可能产生的任何合理的凯恩斯主义类型效应，都可以通过出口下降来抵消。结果，美国对外贸易的发展稍微加剧了萧条，并略微阻碍了复苏。正如第三章将要讨论的那样，有证据表明，由于《斯穆特-霍利关税法案》的影响，其他国家针对美国贸易政策采取的应对措施也为这一结果的产生做了一定的贡献。

货币主义的方法

根据货币主义的观点，关税提高导致进口减少而出口没有立即变化。贸易顺差导致黄金的流入和货币供应的增加，这给经济带来了短期刺激。然而，最终货币扩张导致国内物价上涨。在其他条件不变的情况下，这将减少出口，增加进口并使贸易平衡恢复到初始水平。我们评估《斯穆特-霍利关税法案》对货币的影响，是依靠观察黄金进口量在关税实施后的几个月内是否增加来实现的。图 2.8 中的数据并未显示在新的关税法案实施后美国黄金进口量有任何大幅增加。1930 年 7 月和 8 月，即在关税生效后，实际上美国向法国和加拿大出口了大量黄金(约 4 000 万美元)。在那年余下的几个月，美国成为黄金净进口国，但进口量没有超出正常范围。即使《斯穆特-霍利关税法案》确实刺激了黄金的进口，数据也没有直接显示出来。①

大量黄金流入本可以帮助刺激经济，除非央行采取抵消性的政策行动，保持货币状况不变，以冲销流入的黄金。实际上，那正是当时美联储的政策。正如弗里德曼和施瓦茨(1963:282)指出："从 1923 年起，黄金的波动在很大程度上被美联储信贷的波动所抵消，因此，黄金的波动与高能货币总量之间基本上没有关系。"例如，在 1930 年 7 月和 8 月，美联储冲销黄金的流出。正如美联储

① 弗里德曼和施瓦茨(1963:342)报告在 1930 年 10 月至 1931 年 1 月，高能货币的存量增加了 3.4 亿美元。他们将这种增长归于所增加的美联储未偿还的 1.17 亿美元信贷和流入的 8 400 万美元的黄金，其原因分别分派给《斯穆特-霍利关税法案》，美国对外借贷的减少以及其他因素。然而，由于第一次银行危机的爆发，货币存量在此期间下降了 3%以上，这大大降低了存款与货币的比率。因此，即使《斯穆特-霍利关税法案》在实施后几个月内对黄金的流入有某种程度的贡献，也完全被其他因素所覆盖。

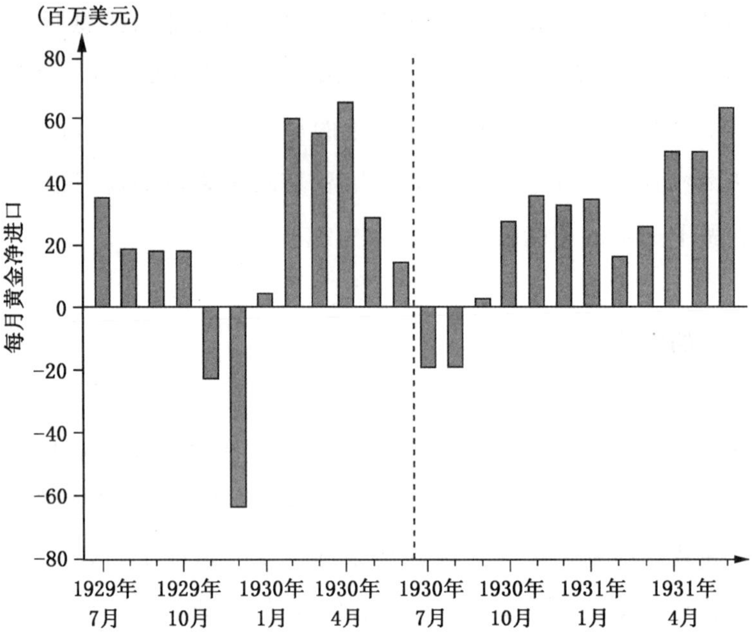

资料来源:《美国对外贸易月度汇总》(July,1931)。

图 2.8 1929 年 7 月至 1931 年 6 月每月黄金净进口

所解释的,"黄金的损失对美国的货币市场状况没有影响,无论是在 7 月还是在 8 月,因为黄金在 7 月被流通的货币流入所抵消,在 8 月被美联储银行的公开市场运作所抵消"(*Federal Reserve Bulletin*, September, 1930: 534－535)。因此,即使关税导致大量黄金流入,美联储对黄金储备变化进行冲销的政策也会阻止该流入影响货币状况。

如果关税导致世界其他地方的黄金流入美国,而美联储已经抵消了其对国内扩张的影响,那么其他国家的黄金储备将流向美国。这些将迫使他们奉行更多的通缩政策,并且不能从更具扩张性的美国货币政策中在出口上获得补偿性增长。因为这个原因,阿兰·梅尔策(Alan Meltzer, 1976: 469－470)相信《斯穆特-霍利关税法案》在大萧条伊始扮演了重要的角色。他认为:由于这一法案通过提高美国的黄金储备而增加了全球的通货紧缩压力,于是它成功地把一定程度的经济衰退变成一个严重的大萧条,并导致境外更紧缩的货币政策而境内并没有产生货币扩张。[①]

正如已经指出的那样，这种观点存在的一个问题是：关税实施后，流入美国的黄金并未明显增加。此外，认为美国通过囤积黄金储备将大萧条传播到世界其他地方的观点是站不住脚的，因为世界其他地方的黄金储备在大萧条时期的大部分时间里并没有下降（Fremling，1985）。《斯穆特-霍利关税法案》实施时也是如此。尽管美国的黄金储备在 1930 年 12 月比当年 6 月（即《斯穆特-霍利关税法案》实施的那个月）高出 1.1%，但是外国央行的黄金储备增长 2.9%（*Federal Reserve Bulletin*，June，1933：368）。这一事实没有证实《斯穆特-霍利关税法案》之后美国以牺牲世界其他国家的利益为代价来吸引黄金的观点。

听上去更似乎合理的观点，梅尔策认为《斯穆特-霍利关税法案》和外国的报复性关税政策损害了美国的农业出口，因此降低农产品价格，导致以农业为主产业的各个州在 1930 年和 1931 年出现抵押贷款违约和银行倒闭。如梅尔策（1976：461）宣称："鉴于食品出口和农产品价格下降的幅度，不必惊讶地看到在 1930 年和 1931 年倒闭的许多银行都在农业产区。"[②]因此，被严苛的对外贸易措施伤害的农业主产区成为银行倒闭的源发地，接下来遍及全国其他地区。[③]

毫无疑问，农产品价格的下跌导致了巨大的困境，并加剧了农业主产区银行的金融疲软。在 1930 年 11 月、12 月和 1931 年 1 月，也就是《斯穆特-霍利关税法案》通过几个月后，银行破产数量急剧上升，这也是事实。但这些事件能归咎于《斯穆特-霍利关税法案》吗？事实证明还有另一个因素在起作用，那就是 1930 年夏末的一场严重的干旱。这场干旱加剧了美国中南部令人绝望的农业

---

① 阿兰·梅尔策（1976：460）对其观点这样解释："关税限制了价格-货币流动机制的运作，限制了美国和世界经济的判断。在没有关税的情况下，美国国内的价格相对于国外的价格会下降，而相对价格的变化会增加外国需求和净出口。1930 年，随着关税法案的生效，货币黄金储备增加，美国的价格下跌幅度小于其他工业国家。这一论述在解释 1929 年的衰退为何没有走上之前货币紧缩的道路而是演变为大萧条时，认为《斯穆特-霍利关税法案》和随后的关税报复性政策负有主要责任。"

② 阿兰·梅尔策（2003：564）后来指出："认为《斯穆特-霍利关税法案》影响不大的许多研究忽略了它对农业主产区各个州的农业出口、破产和银行倒闭的影响。"

③ 在讨论 1930 年下半年银行危机时，弗里德曼和施瓦茨（1963：308）写道："银行倒闭，特别是在密苏里州、印第安纳州、伊利诺伊州、艾奥瓦州、阿肯色州和南卡罗来纳州等地，导致大面积的将活期和定期存款转为货币现金流的需求。从经历了 20 世纪 20 年代银行倒闭最严重影响的农业地区开始，恐惧在存款人中蔓延。"

形势。大卫·汉密尔顿(David Hamilton,1985:604)指出:“低产量和低价格的灾难性影响有助于解释为什么1930年发生最多银行破产的是干旱和产棉州,而不是西部产粮州。”在银行倒闭率大幅上升的9个州中,有5个州——阿肯色州、密西西比州、亚拉巴马州、北卡罗来纳州和田纳西州——严重依赖棉花收入,至少7个州——阿肯色州、密西西比州、肯塔基州、密苏里州、田纳西州、伊利诺伊州和印第安纳州——遭受了严重的干旱破坏。[①] 由于农业主产区银行依靠高地价和大宗商品价格来维持其贷款组合的价值,农业的低产出与低国际价格的结合导致存款突然流失,不良贷款增加,使银行面临巨大的财务压力。

如果外国需求下降是农业生产者面临的问题,以及1930年年末的银行问题的原因,那么我们预计会看到国内生产下降,国内消费增加和出口下降。然而,美国的农业生产数据和贸易并不支持这一假设。如表2.4所显示,干旱和国内需求下降似乎可以解释1930年发生在棉花产业上的事情。棉花产量在1930年下降了6%,大概是因为干旱。但是由于经济衰退,美国纺织厂的国内需求下降了超过16%。结果,棉花出口和棉花出口的份额实际上在1930年有所增加。

表2.4 **农业产出和出口**

	产出	出口	进口	消费	出口/产出(%)
棉花(千捆)					
1929年	14 828	7 035	395	8 188	47.4
1930年	13 932	7 133	112	6 911	51.2
百分比变化	−6	−1.3	−71.6	−15.6	—
小麦(千蒲式耳)					
1929年	812 573	153 245	12 956	672 284	18.9
1930年	857 427	131 475	19 059	745 011	15.3

① 在对大萧条时期银行危机的研究中,艾尔姆斯·威克(Elmus Wicker,1996:51)指出,对于农业主产区高发的银行停业状况,1930年夏天美国南部严重的农业干旱起到了重要的助推作用。

续表

	产出	出口	进口	消费	出口/产出（%）
百分比变化	−5.5	−14.2	−47.1	−10.8	
烟草（千磅）					
1929 年	1 537 313	600 181	63 181	1 000 313	39
1930 年	1 647 377	591 035	75 425	1 121 767	35.9
百分比变化	−7.2	−1.5	−19.4	−13.1	
玉米（千蒲式耳）					
1929 年	2 535 386	10 281	497	2 525 602	0.4
1930 年	2 059 641	3 317	1 747	2 058 071	0.2
百分比变化	−18.8	−67.7	−151.1	−18.5	

注：进出口统计从每年 7 月计（棉花从 8 月计）。

资料来源：美国农业部《农业年鉴》(*Yearbook of Agriculture*,1933)。

以小麦和烟草为例，出口在 1930 年确实下降了，但这似乎是由于国内需求的增长快于国内生产的增长。就玉米而言，干旱大幅削减了国内生产和消费，而贸易的作用则可以忽略不计。其实认为《斯穆特-霍利关税法案》导致农产品出口和价格下降，进而导致农场破产和农业主产区银行倒闭这一论点遭到质疑，还有其他原因。就 1930 年的银行业危机而言，主要银行的倒闭与出口下降没有什么关系，而与糟糕的管理做法有很大关系。位于田纳西州纳什维尔的考德威尔银行（Caldwell & Co.）是东南部的主要银行，其倒闭并非因为农业困境。相反，大卫·汉密尔顿（1985:591）发现“不计后果的扩张、粗心大意的管理和公司管理人员不道德的行为几乎是公司消亡的全部原因”。进一步地说，银行业的恐慌集中在农业地区，但是几乎没有证据表明，它们产生了波及效应，导致东部地区出现了类似的银行问题。尤金·怀特（1984:120）指出 1930 年年末的银行业危机“并未标志着从衰退到萧条的转变，它主要是区域性的，对国民经济影响不大”。相反，它似乎是经济衰退的一部分，而不是大萧条的主要转折点。

认为《斯穆特-霍利关税法案》导致一连串的影响，并导致国家的金融危机的想法还有其他问题。1930 年或 1931 年农场丧失抵押品赎回权的比率并不比20世纪20年代后期高，直到1932年和1933年大萧条加剧，止赎率才分别达到了令人难以置信的28%和39%(Alston,1983)。虽然农业出口在1931年及之后遭受了巨大的损失，但此时发生了许多其他事件，尤其是1931年秋季英国脱离金本位时美联储收紧了信贷。最后，正如第三章将要讨论的，当外国对美国征收斯穆特-霍利关税报复时，他们通常会回击美国的制成品出口，如汽车等，而不是农产品的出口。

总之，《斯穆特-霍利关税法案》并没有导致黄金流入明显增加。即使有，美联储冲销黄金流动的政策也意味着它对经济不会产生任何刺激性效应。鉴于《斯穆特-霍利关税法案》对进口和价格的适度影响，但是不大有可能作为一种强大的力量引发大范围的农业产业崩溃和相关的银行问题。[①]

真实商业周期分析方法

经济学家最近开发了经过校准的新古典均衡增长模型，以评估货币、生产率、税收等各种冲击对产出和就业的影响。这些模型有时被称为真实商业周期模型，因为它们往往强调生产力冲击对产出的影响。它们关注的是生产和消费失衡之后以及消费和投资之间的产出分配会如何影响经济波动。[②] 在这些模型的背景下，芝加哥大学的经济学家罗伯特·卢卡斯(Robert Lucas,1994:13)提出了质疑：

> 这将是一项如学期报告规模的工作，例如，在适当调整的真实商业周期模型中计算出20世纪30年代的《斯穆特-霍利关税法案》可能产生的影响。到目前为止，我们已经在这类模型上积累了足够的定量分析经验，模型明确了此类政策的集聚效应是微不足道的(在该法案

---

① 农业在大萧条中的作用仍有争议。雅各布·麦迪森(Jakob Madsen,2001a)发现，农产品价格是将萧条传播到全世界的一种机制，而乔凡尼·费德里科(Giovanni Federico,2005)认为农业作为引发大萧条的一个因素，受到的损害程度理应远远小于大萧条对农业造成的损害程度。而事实上恰好相反。

② 在这些模型中，生产者必须选择用于生产的最优资本和劳动力数量，以及总生产技术。消费者必须在把时间用于休闲和提供劳动之间做出选择。

生效前，外贸部门占经济的5%，此后可能要低一个百分点）。

哈罗德·L. 科尔和李·E. 奥海宁（Harole L. Cole & Lee E. Ohanian，1999，2007）将这类模型应用到美国大萧条的分析中，并得出如卢卡斯所假定的结论："对于20世纪30年代的经济下滑或恢复的疲弱，关税不是主要因素。"

然而，马里奥·J. 克鲁西尼和詹姆斯·卡恩（Mario J. Crucini & James Kahn，1996，2007）认为：在大萧条的背景下即使关税的影响也许不大，也能产生衰退规模的效应。他们建立了一个模型，在这个模型中进口商品被视为中间产品，因此，对这些进口商品征收关税会造成生产扭曲，降低劳动力的边际产量。通过减少资本存量，这种低效率会对经济产生持续的负面影响。克鲁西尼和卡恩（2007）指出，高关税能够降低产出2%至5%，与大萧条期间所观察到的产出降低25%相去甚远，但是仍然相当大。因此，本书作者得出结论：如果我们考虑中间产品的贸易（有些是生产中的）以及关税永久性改变和国外报复所导致的资本累计和劳动力供给的动态，那么贸易政策可以产生重大的宏观经济效应。

然而，大部分模拟结果都是基于资本存量的动态响应。如果假设资本存量是固定的，高关税的影响就小得多，从产出损失0.8%到产出增长1.9%不等。此外，科尔和奥海宁指出，这些结果来自模型中的一些特殊假设，特别是将所有进口都视为中间产品而不是最终产品的情况，以及那种放大了中断进口所产生的影响，假设进口和国内中间产品之间的替代弹性较低的情况。事实上，1929年美国进口中大约55%是工业生产所需的中间产品，23%是生产的终端产品，22%属于食品类。中间产品中有80%是免税产品，不受《斯穆特-霍利关税法案》影响。[①] 由于《斯穆特-霍利关税法案》增加的关税主要集中在制成品上，而大多数进口中间品仍然是免税的，因此，在真实商业周期模型中确定的渠道不太可能是产出下降的重要来源。

---

① 中间产品分为原材料和半成品。*Statistical Abstract of the United States*，1931，495—497.

替代性渠道

最终,《斯穆特-霍利关税法案》可能通过其他一些机制影响了大萧条的进程。其中一个原因很简单,贸易增长往往会增加国民收入,而更高的关税会破坏贸易并减少收入。如果是这样,贸易的破坏有多少反馈以及减少多少收入?①

为了确定消除贸易会减少多少收入,我们需要估计贸易的外生变化会改变多少收入。詹姆斯·费耶尔(James Feyerer,2009)分析了各国贸易随时间变化的情况来确定贸易对收入的影响,发现贸易增长1%会导致收入增长约0.5%。正如本章前面提到的,《斯穆特-霍利关税法案》使应税进口减少了约16%。如果应税进口在1929年下降16%,那一年的贸易将损失2.33亿美元。这意味着,通过减少贸易,《斯穆特-霍利关税法案》每年使美国人的收入减少1.16亿美元,或者说1929年GDP的0.1%。加上通货紧缩导致的关税增加,更高的关税将减少1929年7亿美元的贸易,减少1929年GDP的0.3%的收入。虽然这是一个不完美的比较,因为关税的增加不能等同贸易成本的外生增加,但是,它确实显示,贸易的减少并没有使收入减少到足以成为大萧条的主要原因。

另一种观点认为,国会对关税法案的长期考虑导致了商业的不确定性,从而导致了投资推迟和经济的衰退。如表2.2所示,投资下降是20世纪30年代初经济崩溃的主要原因,主要是因为实际利率上升。然而,1930年6月之后关于关税的不确定性的解决似乎并没有对经济有多大帮助。罗伯特·B. 阿齐布尔德和大卫·H. 费尔德曼(Robert B. Archibald & David H. Feldman,1998)调查了一个行业的国际化程度与其投资支出之间的关系,以确定关税所导致的现金流不确定性的增加是否会抑制投资。他们发现,在经济衰退开始时的

---

① 正如前面提到的,隐含在方程(2.1)中的凯恩斯模型无法处理这个问题,因为贸易的完全性消除应该不会对GDP产生影响。此外,这种收入的减少并不仅仅是进口税提高所造成的简单的静态无谓损失(人们预计进口税会很小)。与大萧条的规模相比,《斯穆特-霍利关税法案》造成的典型福利损失可能非常小。一项估计表明,1929年至1933年间,与美国关税结构相关的无谓福利损失增加了GDP的0.1%(Irwin,2010)。

1929年，国际化程度解释投资行为时可能起了点儿作用，但对随后的年份(1933到1939年)就没有起作用了。

还有一种观点认为，由于限制了欧洲和拉丁美洲国家对美国的出口，关税使这些国家更难赚取美元并偿还债务。这可能扰乱了国际金融体系，并可能迫使其他国家拖欠第一次世界大战的贷款。凯文·凯里(Kevin Carey，1999)研究了1930年当《斯穆特-霍利关税法案》似乎终于快要通过时，外国主权美元债券在数周内的价格变化。为了确定市场是否预期到关税导致的债务偿还问题，他将债券价格数据与衡量一国对关税和债务偿还能力的各种指标进行了比较。尽管他发现这些指标与1930年6月债券价格变化之间存在显著的关系，但影响的规模非常小。此外，许多拉丁美洲国家出口的商品和原材料是免税进入美国的，因此不受较高关税的影响。

结论

《斯穆特-霍利关税法案》对应课税品的进口产生了巨大影响，使应税品的进口减少了约16%。由于2/3的进口产品是免税的，因此进口总额下降了较小的幅度，约为5%。然而，通货紧缩以对从量关税的影响大幅度提高了应税进口商品的平均关税，从而加剧了关税对贸易的不利影响。总之，在1929年至1932年期间，美国令人瞩目的40%的进口减少量中，较高的关税约占三分之一。

最有争议的问题是关税在大萧条中的作用。经济学家之间的共识是，《斯穆特-霍利关税法案》并没有导致大萧条。与通过货币和金融体系发挥作用的强大紧缩效应相比，关税的影响相对较小。当紧接着货币供应量下降1/3时，即使关税政策发生重大变化也不太可能产生任何重大的宏观经济影响，特别是当应税进口额仅占1929年GDP的1.4%时。

在缓解或者加剧萧条这方面，关税可能小有发挥。然而，在此期间，无论是凯恩斯主义或是货币主义的渠道似乎都没有发挥作用，通常关税可以通过这些渠道为经济提供短期刺激。凯恩斯主义的方法因出口下降而无法运作，而货币主义的方法则因美联储的货币冲销政策而受阻碍。由于出口的下降超过了进口的下降，整体上，贸易使经济萧条更加严重，尽管程度轻微。在一定程度上，《斯穆特-霍利关税法案》应对这一不利结果负责。正如下一章将显示的，美国出口的下降部分是由于《斯穆特-霍利关税法案》自身催生了其他国家采取的报复性贸易措施的结果。

第三章

国外的同态反击

在《斯穆特-霍利关税法案》颁布后的三年里，保护主义贸易措施滋生蔓延，世界贸易瓦解，大萧条在全球范围内加剧。从此，《斯穆特-霍利关税法案》对这场经济灾难所起的作用一直被讨论和争论。虽然关税显然是向更高的贸易壁垒迈进了一步，但它并不是20世纪30年代早期保护主义在世界各地蔓延的主要原因。然而，从美国商业的角度来看，《斯穆特-霍利关税法案》具有很大的破坏性，因为它导致其他国家采取明显歧视美国的贸易政策。这种歧视对美国出口的损害，远远超过了对外贸易壁垒的增加，因为它把现有的贸易从美国转移到其他国家。另外，《斯穆特-霍利关税法案》损害了邻国的经济，结果，这导致了政治的改变，直接催生出反美利益的政治集团，特别是在加拿大和古巴亲美政府的倒台。

国会对国外反应的评估

在颁布《斯穆特-霍利关税法案》时，国会成员认为它仅仅对选区生产商有中度影响。整体经济的福祉或外国的潜在报复很少纳入讨论。尽管《国会记录》中有 20 页关于对番茄征收进口关税的辩论，但很少考虑国际社会对高关税的反应。

随着该议案在国会的通过，许多外国政府和行业协会反对这项立法。早在 1929 年春天，当国会开始考虑修改关税时，外国的抗议活动就开始出现。在众议院筹款委员会关于该议案的报告中，共和党多数人知道这一点，但否认了外国的担忧，值得注意的是："外国和生产者对这种调整表现出极大的兴趣，但由于关税是一个国内问题，外国官员和外国国民意见都没有被关税委员会听到，除非外国政府的代表通过国务院提交其意见文本，成为我们记录的一部分。我们认识到我们同外国关系的重要性，但我们认为，我们的首要任务是对自己的人民负责，并维护他们的繁荣。"（House Report No. 7，71st Congress 1st Session 6）

在众议院，共和党人淡化了外国的任何负面反应，并表示不应该考虑外国人的观点。威斯康星州的共和党人爱德华·布朗尼（Edward Browne）认为，"美国市场是属于美国生产商的。这是一个国内问题。无论外国如何看待我们的国家和关税，这都是美国人民决定的问题"（*Congressional Record*，May 20，1929:1562）。民主党回应称，外国可能报复美国出口商品，是反对该议案的另一个理由。参议院正在完成对该议案的审议，民主党人和"激进的"共和党人要求胡佛政府报告所有与抗议有关的东西，这些东西堆满了国务院。这些资料足够写成一本书，作为参议院财政委员会听证会的第 18 卷出版。政府报告说，截至 1949 年 9 月 5 日，已有来自 30 多个国家的 59 次抗议。其中一些是来自外国政府的官方声明，但更多的是来自出口到美国的外国行业协会。约有 300 项提高关税的提议被列为有害的。有些国家①暗示可能会对美国的出口商品采取报复行动。9 月之后，又收到了外国政府和企业的 42 次抗议。（*Congressional Record*，June 9，1930:1029—1098）

---

① 这些国家是阿根廷、奥地利、澳大利亚、比利时、英国、捷克斯洛伐克、丹麦、多米尼加、芬兰、法国、德国、希腊、危地马拉、洪都拉斯、印度、爱尔兰、意大利、日本、拉脱维亚、墨西哥、荷兰、挪威、巴拉圭、伊朗、葡萄牙、罗马尼亚、西班牙、瑞典、瑞士、土耳其和乌拉圭。

民主党人指出这些事情加起来是一个不祥的征兆。正如密西西比州的民主党参议员帕特·哈里森(Pat Harrison)宣布的：

> 我想提请财政委员会主席注意我把这本255页的小书握在手里，这本书中包含世界上每一个政府对这项关税议案的某些规定提出的抗议。威胁采用报复措施。此类关税的建议不会使人们更接近我们，也不会使他们对我们更友好。(*Congressional Record*, September 13, 1929:3592—3593)

北卡罗来纳州民主党参议员弗尼福德·西蒙斯补充道：

> 该议案不仅引起抗议(注：许多抗议是来自我们国家中一些最好的客户，当然言辞婉转颇具外交辞令，尽管如此，实质仍然威胁进口)，而且还会引起报复，并在我们的外国购买者中产生一种心理，即便不破坏我们与他们之间的商业关系，那也将是有害的。显然，我们不能把从外国的进口减少到最低限度，如果我们不最终减少对这些国家的相对出口。(*Congressional Record*, September 13, 1929:3543)

正如第一章所叙述的，保守的共和党人反对农产品出口债券，理由是外国会直接用反倾销税来应对它。而他们似乎不担心其他国家会通过提高对美国出口商品的关税来报复更高的关税。共和党人继续坚称，关税是美国国内重要事务，并不屑一顾地宣称外国做出不利反应的可能性只是一种假设。他们坚持认为，关税立法纯粹是一项国内政治措施，并谴责国外的评论是在侵犯美国主权。斯穆特声辩："关税是国内事务，美国的关税必须由美国国会和政府制定并实施。""别国无权干涉。"(*Congressional Record*, September 12, 1929:3548)

随着关税立法接近完成，美国出口商的担忧开始变得有目共睹：如果关税议案成为法律，他们将被首当其冲地挑出来报复。汽车工业最担心成为外国的攻击目标。亨利·福特(福特汽车公司的老板)和阿尔弗雷德·斯隆(Alfred Sloan，通用汽车公司的老板)同时警告：汽车出口将遭遇外国高关税重击，这将对国内产出和就业造成不利影响。

在最后的辩论中，共和党和民主党就《斯穆特-霍利关税法案》的国际惩罚

注：疾风暴雨式的辱骂是"山姆大叔"的文化遗产，而他似乎对接连不断炮火连天式的抗议感到恼火。一张攻击美国的爱尔兰漫画是不同寻常的，因为爱尔兰自由王国和其居民感激往昔的宠爱。

资料来源：爱尔兰《独立报》(*The Independent*)。

图 3.1　出乎意料

相互指责。纽约州共和党众议员弗兰克·克劳瑟辩称，只有国内的考虑处于危险之中：

> 这些税率是为了美国农户的利益而制定的。我们不是在为加拿大制定关税法案，我们是在为美利坚合众国制定关税法案。当其他国家修改关税法案时，我们不干涉他们。(*Congressional Record*, June 14, 1930: 10788)

俄克拉荷马州的民主党参议员埃尔默·托马斯(Elmer Thomas)把后果描绘得十分暗淡：

> 许多地方都表示，即将通过的关税议案一旦成功立法，那将是向

> 世界其他国家宣告的一场经济战争。这一挑战是否会被接受还有待观察。如果这项议案获得通过，它将进一步损害我们的国际贸易关系。如果这项议案获得通过，将会招致更多的报复。（*Congressional Record*，June 9，1939：10299）

"我们完全有理由看到其他可能受到我们关税政策影响的国家的报复，"田纳西州的民主党参议员威廉·布鲁克（William Brock）补充到，"尽管我相信合理公正的保护，但是我不赞成保护性关税，这将等同于为其他国家提供了禁运和报复的理由。"（*Congressional Record*，June 9，1930：10300）

国外对《斯穆特-霍利关税法案》的反应

尽管在过去，每当美国提高进口关税时美国的贸易伙伴都会感到失望，但报复性的回应很少。但在第一次世界大战之后，美国成为世界经济和金融的领导者。它代表了世界经济的很大一部分，其政策举措在世界各地反响会更大。尽管如此，当美国在1922年实施《福德尼-麦坎伯关税法案》时，外国的反应相对平静。这是因为，到美国实施新关税时，美国已经从严重衰退中复苏，经济正在迅速增长。由于经济强劲复苏，欧洲出口以稳定的速度增长，这掩盖了关税带来的任何干扰。此外，由于美国向欧洲提供了大量贷款，欧洲可以很容易地偿还债务和为进口融资。

当美国实施《斯穆特-霍利关税法案》时，情况就大不相同了。美国经济正在萎缩，欧洲对美国的出口已经开始下降。美国的贷款被大幅削减，使得欧洲更难偿还债务。美国在1922年施加的贸易壁垒的基础上，进一步设置更高的贸易壁垒，加剧了欧洲对美国政策的不满。通过《斯穆特-霍利关税法案》，美国似乎在发出信号，表明其经济政策将变得更加孤立主义。出于这个原因，欧洲对《斯穆特-霍利关税法案》通过的反应是当机立断的、毫不掩饰的、一概不赞成。正如佩西·比德韦尔（1930：130）指出的，"无论他们可能有多少不同的表达，抗议声中一个共同的调子就是，他们相信新的美国进口关税对西欧的经济发展构成了严重的威胁。”

事实上，关税法案的出台恰逢世界经济处于最严峻的时刻。如此生不逢时的《斯穆特-霍利关税法案》激怒了欧洲各国领导人。许多国家的经济滑向衰退。当美国国会为《斯穆特-霍利关税法案》辩论时，许多欧洲国家正试图通过国际联盟(League of Nations)谈判关税休战。尽管美国不是该联盟的成员，但它的行动更容易让其他国家效仿，并放弃冻结本国关税的意愿。

超出其具体的经济影响，《斯穆特-霍利关税法案》具有重要的象征意义。在许多人看来，这似乎代表了美国对世界其他国家的冷漠。查尔斯·金德尔伯格(Charles Kindleberger，1986：125—126，291)并没有对关税的经济影响大加批评，而是批评这标志着美国放弃了经济领导地位。他认为这项措施是不负责任的，因为它“导致对进口的保护和限制的盲目追捧(或者说至少毫无作为去阻止这种盲目追捧)，每个国家都试图避开进口的通货紧缩压力，并通过相互限制出口来确保这种压力。”金德尔伯格以及当时的许多时事观察家认为，《斯穆特-霍利关税法案》改变了世界各地的贸易政策环境。

哪些国家最有可能受到《斯穆特-霍利关税法案》的影响？虽然很难精确地知道，但表 3.1 表明，受美国更高关税影响可能存在很大差异。例如，尽管从加拿大进口的大部分产品是免税的，但是《斯穆特-霍利关税法案》对该国几乎所有的农产品出口都产生了不利影响。因为古巴几乎只出口糖，几乎没有一种出口产品是免税进入美国的，因此它受到了更高的食糖关税的沉重打击。从西欧进口的主要是直接或间接与国内生产竞争的制成品，这些商品已经被征收了高额关税，由于《斯穆特-霍利关税法案》，这些商品面临着更高的关税。相比之下，拉丁美洲国家的许多出口商品(如咖啡)是免税进入美国的，没有受到《斯穆特-霍利关税法案》增加的影响，尽管来自阿根廷的皮革和肉类是提高关税的目标。最后，日本也设法避免了新关税的严重伤害。生丝占其对美国出口的80%左右，而在《斯穆特-霍利关税法案》实施前后，生丝对美国的出口都是免税的。当然，日本加工品的出口(如丝绸和陶瓷)的确受到高关税的打击。

表 3.1　　1929 年美国对各国的进口关税

	免税进口额（占总额的百分比）	应课税进口商品平均关税（百分比）	全部进口商品平均关税（百分比）
北美洲			
加拿大	77.3	18.1	4.0
古巴	5.1	79.7	75.6
墨西哥	73.0	27.4	7.4
欧洲			
英国	49.7	35.9	17.8
法国	30.6	44.6	30.8
德国	36.8	41.5	26.0
意大利	23.6	38.9	29.5
荷兰	31.2	48.1	32.7
比利时	32.1	31.4	21.0
瑞士	12.5	44.0	38.2
瑞典	79.1	27.3	5.6
挪威	48.2	29.6	15.2
西班牙	34.7	34.7	22.7
拉丁美洲			
阿根廷	40.6	25.7	7.4
巴西	97.8	57.3	1.2
智利	97.2	33.8	0.9
哥伦比亚	99.6	20.5	0.1
乌拉圭	27.8	35.9	25.9
委内瑞拉	99.9	44.9	0.1
亚洲			
澳大利亚	57.9	37.5	15.7
新西兰	54.3	36.4	16.6
印度	42.1	11.9	6.9
日本	87.4	37.1	4.5
中国	72.5	39.0	10.4

资料来源：美国关税委员会（U. S. Tariff Commission，1931）。

那么这些国家对《斯穆特-霍利关税法案》的反应都是怎样的？

加拿大

正如当今一样，《斯穆特-霍利关税法案》生效时，美国和加拿大的经济高度相互依赖。双方都是对方最重要的贸易伙伴。当然，考虑到两国的相对规模，加拿大对美国的依赖要远远大于美国对加拿大的依赖。1929 年，美国占加拿大出口的 43%，而加拿大占美国商品出口的 18%。贸易也占加拿大经济的大部分，在 1929 年，出口占其国内生产总值的 26%。因此，加拿大对进入美国市场极为敏感。由于增加的关税集中在其出口的农产品上，加拿大对《斯穆特-霍利关税法案》非常不满。不足为奇的是，加拿大的反应——对美国出口商品的报复——可能是所有国家中影响最大的，也对美国贸易的影响最大。

在美国国会审议《斯穆特-霍利关税议案》时，加拿大是由麦肯齐·金(Mackenzie King)总理领导的自由党政府领导的。自由党传统上奉行亲美外交政策，并坚持关税适度政策。事实上直到 1929 年 2 月，总理金都在考虑降低加拿大的关税，但是，由于美国对新关税议案的悬而未决，他没有那么做(McDonald，O'Brien and Callahan，1997)。随着关税议案在国会获得通过，加拿大政府多次向胡佛政府表达了自己的担忧。1929 年 11 月，金发表了一次广为人知的演讲。他在演讲中警告说，如果美国提高对加拿大商品的关税，加拿大将做出回应。事实上，《斯穆特-霍利关税法案》势必会损害加拿大经济的几个领域。沿海省份的比目鱼和其他鱼类的关税提高了一倍，魁北克和安大略的土豆和乳制品的关税也提高了。大草原省份受到了新关税对肉牛和鲜肉行业的打击，而不列颠哥伦比亚省则受到新关税对苹果、原木和木材的影响。加拿大几乎没有几个选区能免于即将到来的美国关税上调的影响。

1930 年 5 月初，金宣布将于 7 月举行大选。就在这个时候，《斯穆特-霍利关税议案》的通过变得越来越明显，贸易政策肯定会成为竞选中的一个主要问题。这给了金很大的政治压力，要求他对美国的行动做出回应。反对党保守党批评自由党政府在回应美国保护主义方面过于软弱。保守党希望与英国建立更紧密的经济联系,并主张对美国商品征收更高的关税。5 月下旬,为了先发制人地阻止保守派在贸易问题上的强硬立场,金政府宣布降低从英国及其自治领进口的 270 种商品的关税。由于对美国商品征收的税率保持不变,因此加拿大的这一政策对英帝国自治领的商品给予了明显的优惠,并发出了这样的信息:加拿大决定将其贸易转移到英国,并扩大在大英帝国内部的贸易。金在他的日记中写道:“这将是呼声,我相信它将席卷全国。”(Glassford,1992:74)

除降低对英国商品的关税外,加拿大政府还提高了对 16 种产品的关税,这些产品占美国对加拿大出口总额的 30%左右。这些主要是农产品,《斯穆特-霍利关税法案》据说旨在帮助这些农产品的生产商,包括土豆、汤和汤料、活牲畜和肉类、黄油、鸡蛋、小麦和小麦面粉、燕麦和燕麦片,以及其他制造商,如铸铁管。由于加拿大对这些商品征收的关税远低于美国,因此此次上调幅度很大。加拿大政府没有使用“报复”一词来描述这一变化。但在一次竞选演讲中,金总理表示,反倾销税是针对美国的。

尽管如此,反对派保守党抨击 5 月份的回应不够充分,并希望利用加拿大选民对美国关税的愤怒,尤其是在生产出口到美国市场的产品地区的选民。保护主义和反美信息找到了肥沃的土壤。理查德·科特曼(Richard Kottman,1975:633)写道:“《斯穆特-霍利关税法案》在加拿大激起了民族主义情绪和对美国的蔑视,为保守派的极端保护主义言论比自由派支持扩张帝国贸易更有吸引力提供了一种氛围。”结果,保守党赢得了选举。麦克唐纳、奥布莱恩和卡拉汉(McDonald,O'Brien and Callahan,1997)表示,选举结果受到魁北克和大草原省摇摆选票的影响,这些省份的出口受到《斯穆特-霍利关税法案》的影响尤其严重。

1930 年 9 月,加拿大新保守党政府通过了一项紧急关税,大幅提高了纺织品、农具、电气设备、肉类以及许多其他商品的进口关税。大多数产品来自美国,加拿大近 70%的进口来自美国。官员们再一次没有使用“报复”一词来描述这次行动,但传达的信息很明确。正如《纽约时报》所报道的,“尽管加拿大在自治领关税表上否认针对美国的互惠行动，但是今晚大家似乎可以得出相当普遍的印象，加拿大对美国的关税法案做出了唯一可能的回答，而且是以其方式可能会影响已经出现令人震惊的国际贸易形势的方式。”(*New York Times*, September 17，1930：26)

这些措施对美国对加拿大的出口产生了什么影响？图 3.2 展示了 1930 年的月度数据，数据显示 5 月和 9 月关税上调的影响，可以从 6 月至 7 月和 11 月至 12 月美国出口的大幅下降中看出。美国出口在 6 月和 11 月都下降了 15%，并且在随后的 12 月下跌了 11%。这些数据出现的时间似乎对应于加拿大的行动，但是仍然很难说这些下跌在多大程度上可以归因于报复措施。

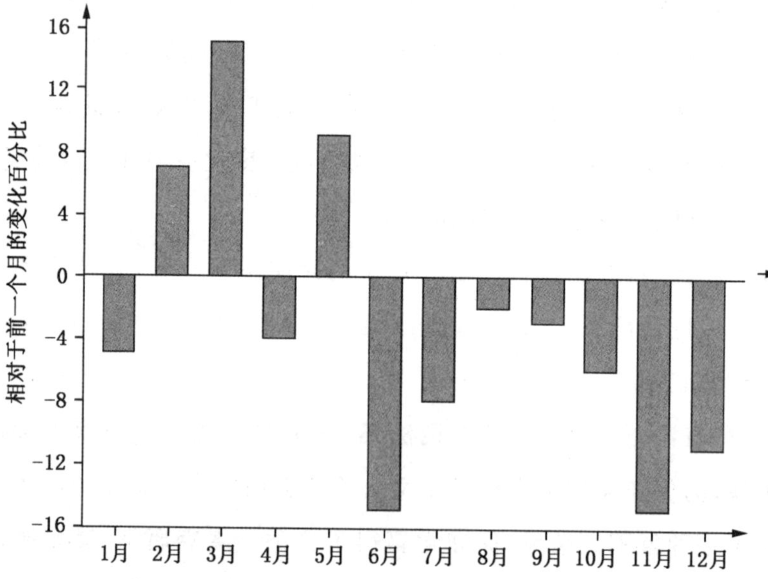

资料来源：《美国对外贸易月度汇总》(December，1930)。

图 3.2　1930 年美国对加拿大出口月度变化

另一种评估加拿大应对措施的方法是比较其从美国进口的产品与从世界其他地方进口的产品(如图 3.3 所示)。到 1930 年，从世界其他地方进口保持稳定，而从美国进口在年中开始下降，几乎与世界其他地方的进口量持平。[①] 如

① 有趣的是，加拿大从美国的进口在 1930 年下降了 27%，而从英国的进口下降了 16%。

果美国对加拿大的出口比例与加拿大从世界其他国家进口的比例保持不变，那么美国的出口将会高出 21%。如果将这种差异归因于对美国的报复，那么报复的效果是巨大的。美国对加拿大的出口下降了 21%，而这些出口占美国总出口额的 18%，这意味着美国出口总额仅仅因为加拿大的反应就下降了 4%。

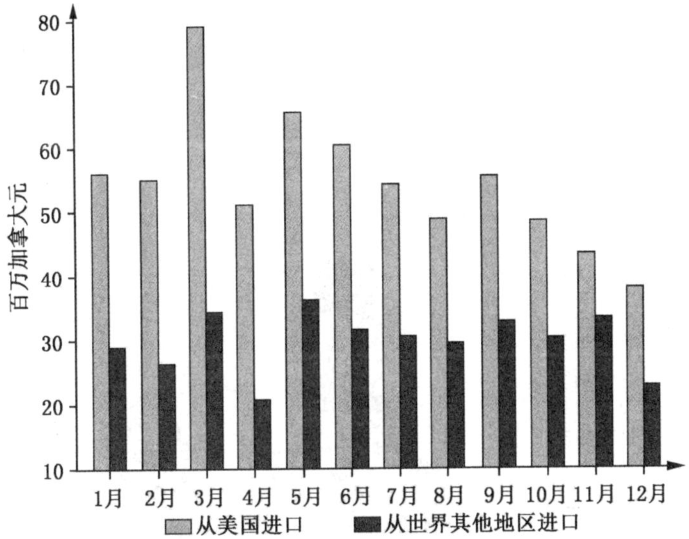

资料来源：加拿大统计局的 1931 年《加拿大贸易季度报告》(Quarterly Report of the Trade of Canada)。

图 3.3　1930 年加拿大从美国和其他国家进口的月度变化

正如第二章指出的，在《斯穆特-霍利关税法案》实施的随后两年里，美国出口额的降幅超过了进口额。如果美国出口因加拿大的报复而下降 4%，我们可以看到《斯穆特-霍利关税法案》在这一下降中发挥了很大作用。根据第二章的计算，《斯穆特-霍利关税法案》使美国进口总额减少了约 5%。但是，如果美国的出口仅因加拿大的反应而下降 4%，那么对出口的抵消几乎与《斯穆特-霍利关税法案》对进口的全部影响相匹配。如果其他国家也采取了报复行动，就很容易理解为什么在《斯穆特-霍利关税法案》之后，美国的出口降幅几乎与进口降幅相当。

1933 年至 1944 年的美国国务卿科德尔·赫尔举了一个简单的例子说明

了《斯穆特-霍利关税法案》是如何适得其反的。美国对鸡蛋征收的关税从每打8美分提高到每打10美分，表面上是为了限制进口，提高国内鸡蛋的价格。加拿大被激怒了，就像之前提到的那样，他们提高了自己对某些产品的关税，以呼应美国的新关税。在这种情况下，他们将进口鸡蛋的关税从每打3美分提高到每打10美分。美国从加拿大进口的鸡蛋从1929年的13 299打下降到1932年的7 939打，而同期美国向加拿大出口的鸡蛋从919 543打下降到13 662打（Hull，1948，1：355）。

资料来源：《罗林·科比邮报》(*Rollin Kirby Post*)。

图3.4　调查这帮人干了什么事

资料来源:《华盛顿每日新闻》(*Washington Daily News*)。

图 3.5　直接回击美国

古 巴

《斯穆特-霍利关税法案》对另一个邻国古巴产生了毁灭性的影响。古巴经济很大程度上依赖向美国出口食糖。食糖关税的提高对古巴经济造成了沉重打击。

阿兰·戴伊和理查德·斯科特(Allan Dye & Richard Sicotte,2003)估测1930年以后古巴出口收入下降的三分之一到二分之一是由《斯穆特-霍利关税法案》造成的。根据他们的计算,1929年至1933年间,美国食糖关税使古巴的国民收入减少了10%，这相当于古巴同期国内生产总值下降总额的三分之一以上。《斯穆特-霍利关税法案》降低了古巴的国民收入，从而降低了古巴对美国进口商品的需求。尽管对古巴出口只占美国总出口的不足3%，但是该关税对出口的直接损害是显而易见的。

当然，即使没有《斯穆特-霍利关税法案》，大萧条也会导致古巴经济状况恶化。但这显然导致古巴严重的经济问题，也导致1933年革命中亲美政府的倒台。这场革命从根本上改变了古巴的政治和国家的经济政策，而且代表了对美国的否定。“古巴人民的这种情绪不难解释，”戴伊和斯科特于2003年首次提出，“1933年之前，古巴是美国最强大的贸易伙伴之一，或许也是西半球最强大的盟友，但在那之后，古巴人产生了一种强烈的被背叛和虐待的感觉。”①

西欧

正如前面提到的，西欧对美国高关税表达出了发自内心的不满。欧洲新闻界和公众舆论、工业和农业以及政府官员都对美国的这一行动感到震惊。这是世界上最大的债权国，拥有巨大的贸易顺差，限制了那些试图偿还第一次世界大战债务的国家的贸易。这个国家曾对国际联盟嗤之以鼻，现在又破坏该联盟谈判达成多边关税休战协议的努力。这是一个世界领先的经济强国——在整个20世纪20年代，当欧洲在战后重建中苦苦挣扎时，这个国家享受了强劲的经济增长，在1922年已经大幅提高了进口关税之后，现在又大幅提高进口关税。

当然，关税是一种外交上的侮辱，其实欧洲大陆的出口产品中只有6%是销往美国市场的。那么为什么美国的行动在欧洲激起了如此强烈的怨恨和愤

① 戴伊和斯科特(2004)同样表明，1956年美国收紧对古巴的糖配额，对古巴1959年的革命起到了一定作用。

恨呢?[①] 答案在于欧洲出口的重要性和实质。这些出口在赚取稀少的美元以偿还债务和为进口融资方面至关重要。而且出口产品包括关键行业高度专业化的制成品。由于美国制造商在大规模生产方面非常高效,而且高关税保护了美国制造的商品,欧洲出口商在美国销售面临重大障碍。只有生产高价特殊产品的欧洲生产商才能克服高额进口关税,找到市场。然而,《斯穆特-霍利关税法案》的目的甚至要把这些商品挤出市场,而这些商品对美国经济来说微不足道,但对欧洲制造商来说却至关重要。正如约瑟夫·琼斯(Joseph Jones,1934:16)所言,"当《斯穆特-霍利关税法案》威胁到外国的那些专门产业时,美国的关税在外国人眼中就算没有形式上的歧视,也具有事实上的歧视特征,具体地说,《斯穆特-霍利关税法案》可以通过增加手表关税唤醒瑞士民众;可以通过提高一种特定蕾丝花边的关税激励法兰西共和国;可以通过增加对葡萄酒包装软木塞的关税让整个西班牙痛苦,并通过增加对橄榄油的关税在整个意大利引起怨恨,又通过增加对微不足道的食品和原料的边境运输的关税让整个加拿大对美国咬牙切齿"。[②]

对许多国家来说,报复的可能性受到了与美国签订的最惠国协议的限制。一项最惠国协议意味着它们不能在关税表中歧视美国,反之亦然。[③]《斯穆特-霍利关税法案》增加的关税并没有违反最受惠国协议,因为它是非歧视性的;适用于所有国家的进口产品。对《斯穆特-霍利关税法案》采取报复措施的国家,也必须提高对所有其他贸易伙伴的关税,而大多数国家不愿意这样做。

然而,有许多方法可以绕过以非歧视方式征收关税的正式要求。对主要来

---

① 比德韦尔(Bidwell,1930)提供了一个很好的当代分析,来解释为什么欧洲会做出特别敌对的反应。正如他所说,要理解欧洲人的态度,"只能参考美国过去八到十年的商业政策和我们与欧洲的经济关系。当美国作为世界主要经济和金融力量的地位逐年加强时,欧洲的战后恢复却只取得了无足轻重的成功。复苏的基本条件之一是发展欧洲以外的出口市场。"

② "美国人很难认识到出口市场对英国、德国、比利时、瑞士和奥地利等国制造商的重要性,"比德韦尔(1930:14—15)写道,"那么,就考虑一下出口市场的重要性,在德国,出口吸收了25%的丝绸产品,25%的轧机产品和50%到60%的金属制品;在比利时,90%的平板玻璃和窗户玻璃以及60%的水泥用于出口;在瑞士,95%的手表和98%的刺绣产品用于出口。"

③ 这里有例外。在最惠国协议中,其他国家总是保留与他们的殖民地交换关税优惠的权利,就像美国被允许给予从菲律宾和古巴进口的商品优惠待遇一样。

自美国的产品，如汽车、剃须刀片和缝纫机，可以选择性地提高关税。基于健康和安全理由实施的贸易限制不需要符合非歧视的要求。这一条款为许多无声但暗含的报复打开了大门。例如，就在《斯穆特-霍利关税法案》通过三天后，英国就以卫生和公共健康威胁理由禁止从美国进口某些苹果。阿根廷限制进口美国鸡蛋，表面上也是出于同样的原因。进口配额也不受非歧视待遇，因此，各国总是可以限制给予美国商品的配额。

大多数西欧国家指望法国组织做出统一反应对付美国的关税。《斯穆特-霍利关税法案》令法国媒体愤怒，法国议会下院敦促对美国商品进行报复并取消最惠国待遇。1930 年 4 月，法国对进口汽车征收更高的税，将于 6 月生效。虽然宣布这一行动并不是对《斯穆特-霍利关税法案》的回应，但是单单挑出汽车——一种美国独有的产品——似乎是不言自明的报复。

在官方层面，法国政府采取了谨慎的态度，放弃了要求欧洲全面应对的要求。法国商务部部长皮埃尔·弗兰丁(Pierre Flandin)表示，法国将彻底调查美国新关税对法国出口产品的影响。调查一经完成，法国就计划要求胡佛政府使用弹性关税条款，降低法国出口产品的过高税率。“如果我们能成功地获得对某些对我们的出口贸易有重大影响的新关税的修订，我们没有理由去破坏一个在第一次世界大战中对我们有过巨大援助的国家的关系。”弗兰丁公开表示。“然而，如果关税委员会拒绝认真考虑我们的抗议，我们就必须坦率地面对这个问题，并采取其他措施。”“究竟会采取什么措施仍未确定，但很清楚的是，除非实行严格的互惠原则，否则无法保证各国之间的正常商业关系。”(*New York Times*, June 22, 1930:1)

事实上，法国的评论并没有多大意义，这个问题可能已经被搁置。相反，法国将重点放在了欧洲内部的关税谈判和法国新商业政策的实施上。1931 年中期，法国开始使用更多的进口配额，这些配额不受最惠国待遇的限制。在配额制度下，歧视某些供应商(如美国)要容易得多。

德国也没有大张旗鼓地报复美国。德国公众舆论对新关税感到失望[一个愚蠢的经济怪物，据《法兰克福日报》(*Frankfurter Zeitung*)报道]，但政府没有做出官方回应。然而，德国官员对此表示不满，因为这使得德国更难获得支付第一次世界大战赔款所需的美元。和法国一样，他们把希望寄托在胡佛总统利用弹性关税条款减少过度关税的能力上。

英国也没有对《斯穆特-霍利关税法案》做出正式回应。在英国，“由于首相拉姆齐·麦克唐纳(Ramsay McDonald)提出改善英美关系，部长们顶住了行业协会要他们加入抗议活动的压力”(Boyce,2009:264)。然而，正如我们将要讨论的那样，英国的商业政策在《斯穆特-霍利关税法案》实施的两年后发生了巨大的变化。

其他几个较小的欧洲国家则更直接地要求对美国采取行动，以回应《斯穆特-霍利关税法案》。这些国家包括西班牙、意大利、瑞士和葡萄牙(Jones,1934)。与美国和法国长期存在贸易争端的西班牙于1930年7月22日宣布了维斯关税(Wais Tariff)。这一行动大幅提高了对进口汽车的关税。它增加了一项特别针对美国汽车的条款——对在欧洲组装并运往西班牙的非欧洲汽车征收额外关税。结果，美国对西班牙的汽车出口在三年内下降了94%，而英国、德国和加拿大的汽车没有受到关税的影响，销量飙升(Jones,1934:53)。

维斯关税还提高了通常从美国进口的缝纫机、剃须刀片、轮胎和管材以及电影等产品的关税。1930年9月，美国对西班牙的出口下降了54%，这可能是新关税的结果，但在当年晚些时候又反弹了。西班牙还从美国撤回了最惠国待遇，因此，西班牙可以任意地对美国商业进行区别对待，不受非歧视条款的限定。尽管采取了这些措施，但美国出口受到不正当歧视的证据并不明显；1935年，美国在西班牙进口商品中所占的份额与1928年相同。

在意大利，贝尼托·墨索里尼(Benito Mussolini)威胁美国施以报复行动。1930年6月30日，就在《斯穆特-霍利关税法案》生效几天后，意大利将对外国汽车征收的进口关税提高了一倍多。该税的官方名称并不是对《斯穆特-霍利关税法案》的报复，但大多数媒体报道都是这么认为的，尤其是因为意大利进口的汽车中有80%来自美国。9月，对同样主要来自美国的无线电和无线电设备产品征收了更高的关税。此外，意大利政府对该国大宗商品的采购有一定的控制，并利用其影响力将棉花、小麦、铜和其他商品的来源从美国转移。例如，意大利从美国进口的小麦在1931年减少了，而从俄罗斯进口的小麦却增加了。总体而言，美国在意大利进口商品中所占份额从1929年的18%下降到1935年的11%，这与加剧对美国商品的歧视别无二致。

瑞士因在《斯穆特-霍利关税法案》中对进口手表征收更高的关税，受到了极其严重的打击。大约20%的手表产品出口到美国，关税对瑞士的出口造成了毁灭性的影响。美国从瑞士的进口额从1930年2月至4月间每月平均320万美元降至1930年7月至9月间每月平均170万美元，降幅为48%。但瑞士公众舆论的愤怒引发了一场由商会推动的非正式的抵制，旨在削减美国制造的汽车、打字机和其他商品在瑞士的销售。很难知道抵制的影响有多大，但是1930年瑞士从美国的进口下降了近30%，然而其进口总额仅下降了5%(Jones，1934：122)。20世纪30年代初，瑞士也开始实施进口配额，通过在供应商之间转移进口的方式进行管理。瑞士从美国进口的份额从1928年的9%下降到1935年的6%——市场份额的丧失与美国商品受到的歧视是一致的。

最后，葡萄牙政府宣布将对从美国进口的产品征收斯穆特-霍利关税，以此报复美国。这个计划是否会生效还不清楚。

总之，不像加拿大那样，欧洲国家总体回避对《斯穆特-霍利关税法案》的直接报复。尽管一些小国确实做出了反应，但是对美国出口的影响可以不计。尽管如此，亨利·福特和阿尔弗雷德·斯隆的担忧是对的：汽车被认为是典型的美国产品，因此成为报复的目标。如果说正式的报复行为相对较少，那么，微妙的报复似乎确实是以歧视美国商业的形式出现的。

保护主义与歧视

美国是第一个在大萧条开始时提高关税的大国。这似乎会引发其他国家增加关税的浪潮。正如国际联盟(1933：193)当时所说，“美国的《斯穆特-霍利关税法案》是其他国家关税制定活动爆发的信号，至少一部分原因是为了报复。

加拿大、古巴、墨西哥、法国、意大利和西班牙几乎立即大幅提高了关税”。[①] 随着保护主义贸易政策在世界各地蔓延，世界贸易经历了急剧下降。[②]《斯穆特-霍利关税法案》是20世纪30年代早期保护主义的爆发和贸易崩溃的原因吗？

世界贸易关系在1930年至1931年中期明显恶化，就是紧随《斯穆特-霍利关税法案》之后的时期。然而，这在很大程度上是因为一些国家是在应对大萧条的蔓延并且施加高关税，特别是对具体的农产品。这并不一定是对《斯穆特-霍利关税法案》的反应，即使国会没有通过该议案，可能也会发生这种情况。但是，这一最初的提高贸易壁垒的行动，只是破坏了世界贸易体系，并没有摧毁它。事实上，回顾1929年9月至1931年3月间的贸易政策发展，国际联盟(1931)的一份报告哀叹，世界各地的关税都在上升，但它不是危言耸听，也没有声称事态的发展对于世界贸易是灾难性的。

虽然保护主义最终确实破坏了世界贸易体系，但贸易壁垒的出现与其说是对《斯穆特-霍利关税法案》的反应，不如说是对1931年夏天席卷欧洲的金融危机的反应。[③] 奥地利的银行危机导致金融恐慌和货币危机，并蔓延到邻国。面对黄金和外汇储备的迅速流失，德国和匈牙利对外汇交易实施了限制性管制，阻碍了贸易和资本流动。政府利用外汇管制不仅是为了防止资本外逃，也是为了减少进口支出。因此，它们是20世纪30年代最严格的贸易惯例之一。

到了8月，金融压力已经蔓延到英国。在试图使外汇市场上的英镑坚挺之后，1931年9月英国放弃了金本位制，并允许英镑在外汇市场上对其他货币贬值。英镑贬值意味着英国出口现在在国际市场上更有价格竞争力，尽管进口更昂贵。其他货币与英镑挂钩的国家(包括丹麦、挪威和瑞典)也允许其货币贬值。

尽管英国的行动有一些经济原因，但不幸的是，它导致国际贸易关系的破

---

① 国际联盟(1931:4)注意到《斯穆特-霍利关税法案》之后的关税修订浪潮，确实评论道：“断言这些修订意在报复是错误的，然而，他们确实提高了美国特色出口产品的关税。”

② 1929年至1932年间，世界贸易额下降了26%(League of Nations,1933:45)。根据一项研究，42%的下降是由于收入降低，58%是由于关税和非关税壁垒提高(Madsen,2001b)。

③ 这一节借鉴了艾肯格林和欧文(Eichengreen & Irwin,2010)的观点。

裂。英国的举动引发了仍实行金本位制的国家的防御性反应。它给其他国家带来了金融压力，迫使它们实施外汇管制，以防止资本外流。1931 年 9 月至 10 日，许多国家（包括乌拉圭、哥伦比亚、希腊、捷克斯洛伐克、冰岛、玻利维亚、南斯拉夫、奥地利、阿根廷、比利时、挪威和丹麦）实施了外汇管制。另一些国家则通过对外汇市场上货币贬值的国家设置更高的贸易壁垒来应对货币贬值。在英国货币贬值一个月后，法国对英国商品征收 15%的附加税，以抵消英镑贬值的影响，并转向大量使用进口配额。到 1936 年，将近三分之二的法国进口都受到这种配额的限制。1932 年年初，传统上奉行自由贸易政策的荷兰提高了 25%的关税，部分原因是为了抵消英镑地区生产商所获得的竞争优势。

1931 年 9 月金本位制的崩溃对世界贸易造成的破坏比 1930 年 6 月《斯穆特-霍利关税法案》造成的破坏要大得多。正如国际联盟（1933：16－17）报道的那样：

> 在 1931 年 9 月 1 日之后的 16 个月里，23 个国家提高了普通关税，其中 3 个国家在这一期间提高了两次，只有一个国家降低了普通关税。有 50 个国家提高了对个别商品或商品组的关税。32 个国家实施了进口配额、禁止、许可证制度和类似的数量限制，在若干重要的情况下甚至更频繁地改变。其实，这份清单完全不足以勾勒出当时各国采取一系列紧急限制令人心烦的复杂性，而这些紧急限制是在 1931 年 9 月英国放弃金本位制引发汇率不稳定之后叠加在本已受到限制的世界贸易之上的。到 1932 年中期，很明显，国际贸易机制正面临像国际货币体系那样彻底崩溃的危险。

使英镑贬值带来的问题更加复杂的是，英国还改变了其贸易政策。它放弃了长期以来的自由贸易政策，现在转向保护主义政策。在英国退出金本位制度一个月后，英国举行大选，由保守党主导的国家政府上台，保守党传统上倾向于利用关税来帮助国内产业。1931 年 11 月，新一届国会颁布了《异常进口法案》（Abnormal Importations Act），赋予了贸易委员会行政自由裁量权，可以对其认为合适的商品提高最高 100%的关税。1932 年 2 月，国会通过了 1932 年《进口关税法案》(Import Duties Act),对大多数进口商品征收 10%的普通关税。这标志着英国长期奉行的自由和非歧视贸易政策的结束。而 1930 年,70%的美国出口产品免税进入英国,到下一年年底,只有 20%(Jones,1934:238)。

当其他国家陷入更深的衰退时,他们试图通过对进口施加更多限制来刺激经济。一个国家或许可以通过减少进口、增加出口而从衰退中逃离,以刺激经济。如果每个国家都试图通过增加贸易壁垒,使自己免受大萧条的影响,最终结果将是每个国家的进出口都下降。因为一个国家进口的减少等于另一个国家出口的减少,更高的贸易壁垒被称为"以邻为壑"的政策。最终的结果是贸易遭到了破坏,没有赢家。

如果美国没有实施《斯穆特-霍利关税法案》,保护主义贸易政策恐怕仍然会遍地滋生,因为那是 1931 年世界经济和金融动荡的后果。世界贸易仍然会随着大萧条的加深而急剧下降。因此,《斯穆特-霍利关税法案》只是 20 世纪 30 年代初贸易保护主义的众多促成因素之一。英国公务员亚瑟·索尔特爵士在 1932 写到,《斯穆特-霍利关税法案》标志着"世界历史的一个转折点",而后又重新修正了他的观点。"这似乎是对世界当时希望为扩大国际贸易和普遍增加繁荣建立更稳定的基础的肆意打击。"索尔特(1961:198)回忆到。"不久之后,它被认为只是更强大的破坏性力量的重要反映。"

然而,这种解释并不能为它开脱罪责。虽然《斯穆特-霍利关税法案》在 20 世纪 30 年代初保护主义的蔓延和世界贸易的崩溃中发挥了有限的作用,但它帮助引发了对国际贸易的一种特别的破坏性:歧视性贸易政策的蔓延。而且由于各国对美国的关税一直心怀不满,美国随即成了歧视对待的特别目标。

歧视性贸易政策比非歧视性贸易政策在更大程度上改变了国与国之间的贸易流动。如果一个外国提高了对所有进口产品的关税,美国出口可能会下降,降幅与其他国家向该市场出口的降幅相同;换句话说,美国将保持其较小的市场份额。然而,对那些有利于其他供应商的,对美国商品有着微不足道的歧视,都可能使整个市场对美国不利。

当时影响美国贸易的最具破坏性的歧视主要是英国及其前殖民地在 1932

资料来源:《华盛顿每日新闻》。

图 3.6　一衣带水的美加两国如今仿佛远隔千山万水

年创造的帝国特惠制。从本质上讲,英国帮助建立了关税优惠政策,以鼓励其属地(主要是澳大利亚、加拿大、新西兰和南非)之间的贸易,以及拥有关税自主权的殖民地(如印度)之间的贸易。长期以来,这些国家为其出口的农产品和原材料在英国寻求优惠待遇,作为交换,它们在其市场上向英国制造品提供优惠待遇。自 19 世纪中期以来,英国一直奉行非歧视的自由贸易政策,不提供关税优惠政策。但是 1931 年 10 月当选的保守党政府比自由党工党更支持与自治领建立更紧密的经济联系,虽然两者都反对任何放弃自由贸易的行为。1932 年年初,英国政府对帝国产品之外的商品征收 10%的普通关税。这一举措即

资料来源：爱尔兰《独立报》。

图 3.7 南辕北辙——垒墙的人破坏了设计师的计划

表明英国执行帝国特惠制。

1932 年 7 月至 8 月在渥太华举行的一次会议上，在对加拿大保守党政府的调查中，英国同意建立正式的帝国特惠制。正如我们早就看到的，加拿大政府的动机是想把贸易从美国转向英国。因此《斯穆特-霍利关税法案》在这方面起了间接的作用。事实上，这位保守党首相在议会上为渥太华协定辩护，他说，加拿大需要在向英国出口商品方面比美国有优势，以此弥补因《斯穆特-霍利关税法案》而失去的美国市场。“毫无疑问，美国国会促成了加拿大和英国的关税反应。”科特曼(Kottman，1968：37)指出。“就在渥太华会议召开前不久，美国驻加拿大首都的负责人报告说，每当有人对这次令人不快的会议发表评论时，都会有对美国贸易政策平静但明确的敌意和怨恨暗流。”此外，这位官员指出，与我交谈过的大多数人都提到了我们的关税，并指责它表明了世界在向限制性贸易行进。[①]

加拿大报纸呼吁召开英联邦自治岭商务会议，这让“山姆大叔”有点焦虑。
资料来源：《蒙特利尔星报》(*Montreal Star*)。

图 3.8 此事定与己相关，不可不听

帝国特惠制在多大程度上损害了美国的出口利益？出口商的初步印象是由于渥太华协定，7 500 万至 2 亿美元的美国出口将被转移，这些出口 1931 年

① 在讨论《斯穆特-霍利关税法案》的国际影响时，国际联盟(1931:4)指出，“美国的关税似乎也刺激了大英帝国内部更明显的关税优惠运动。”

占美国出口的5%—3%(*New York Times*,August 28,1932:F9)。即使取那个较低的数字,这也是非常大的影响。国务卿科德尔·赫尔后来表示:"自我进入公众生活以来,从商业角度来说,这个国家所遭受的最大伤害,是大英帝国在《斯穆特-霍利关税法案》之后帝国优惠的大幅增加。那是一桩直接的报复行动。"(Irwin,Mavroidis and Sykes,2008:10)帝国特惠制使美国出口商处于显著的成本劣势。到1937年,英国对英联邦的进出口中,大约有一半平均享有20%左右的优惠(Macdougall & Hutt,1954)。当竞争对手拥有这样的优势时,美国出口商很难在这些市场上竞争。

歧视性政策对美国出口到两个最大的市场(加拿大和英国)的出口商有明显的影响,这两个市场加起来约占1929年美国出口的三分之一。正如表3.2显示,20世纪30年代初,美国在加拿大进口中所占份额大幅下降,在英国进口中所占份额也是如此。[①]

表3.2 美国从加拿大和英国的进口份额

	进口份额	1929年(%)	1933年(%)
加拿大			
	从美国进口	69	54
	从英国进口	15	24
英国			
	从美国进口	16	11
	从英联邦各国进口	29	39

资料来源:哈特(Hart,2002:96);科特曼(1968:117)。

此外,不只是英国及其盟国回避与美国的贸易。1931年,德国开始使用一系列歧视性贸易手段,包括外汇管制、进口许可证制度以及与东南欧国家的双边结算安排。德国从美国的进口从1928年占总进口的15%下降到1935年的6%。同样,法国开始使用歧视性的进口配额来管理其贸易,从美国进口的货物

① 后来的一项特殊研究表明总体上没有大的损伤。因为美国对英国市场的出口与英国从其帝国伙伴的进口并没有太大的竞争,但对英国的熏肉、烟草、木材和水果出口,对加拿大的蜜饯、纺织品和化学品出口,对澳大利亚的木材出口,对新西兰的汽车出口都有重要的不利影响(Glickman,1947:468)。

从 1928 年到 1935 年间占总进口的 12%下降到 9%(League of Nations,1942)。

图 3.9 显示了对美国对外贸易的影响。虽然世界进口的下降与 1929 年至 1932 年间世界工业生产的下降相对应,但从美国进口的下降幅度要大得多。从 1929 年到 1932 年,世界进口下降了 25%,而从美国的进口下降了 49%。根据国际联盟的数据,美国在世界出口中的份额从 1929 年的 15.6%下降到 1932 年的 12.4%。20 世纪 30 年代,美国在世界贸易中失去了相当大的一部分,这意味着商业机会的重大损失。这有助于解释为什么在 1936 年之前,实际净出口一直在拖累美国经济增长,正如第二章所示。

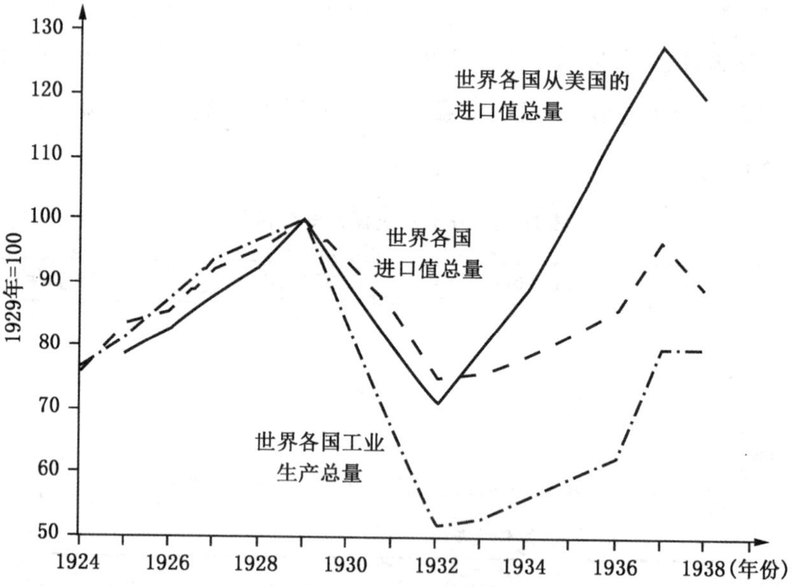

资料来源:拉里(Lary,1943:8)。

图 3.9　1925 至 1939 年世界各国进口值总量以及从美国的进口值总量

总之,1932 年的国际经济环境与 1929 年截然不同。美国对此次事件负有部分责任。当时美国对此有何反应?胡佛政府基本上没有计划。总统将大萧条归咎于欧洲,并坚持认为,由于经济衰退加剧,高进口关税对保护美国经济更为重要。国会的共和党人对 1930 年的关税法案毫无悔意。他们坚持认为,新关税法案阻止了大萧条进一步恶化。所以不做任何弥补。

结论

围绕《斯穆特-霍利关税法案》的许多争议问题之一是，它对 20 世纪 30 年代世界滑向贸易保护主义负有多大程度的责任。毫无疑问，由于大萧条，许多国家会设立贸易壁垒，即使《斯穆特-霍利关税法案》从未实施过。尽管《斯穆特-霍利关税法案》并非 20 世纪 30 年代早期保护主义大规模爆发的全部原因，但它确实促成了贸易保护主义政策蓬勃发展的氛围。

《斯穆特-霍利关税法案》显然引发了针对美国的报复行动，尤其是但不只是加拿大。这种报复对减少美国出口产生了重大影响。更糟糕的是，《斯穆特-霍利关税法案》在世界各地引发了敌意，导致对美国出口的普遍歧视。因为歧视性措施对各国贸易流动的影响比任何非歧视性措施都大，美国的出口受到了严重的影响，美国在世界贸易中的份额在 20 世纪 30 年代早期急剧下降。在损害了国际贸易关系之后，美国在接下来 20 年的大部分时间里，努力解散这个歧视性贸易集团，它使美国出口商在主要外国市场处于极其不利的地位。

第四章

余波未尽，后患无穷

在1930年6月关于《斯穆特-霍利关税法案》的争论还没有结束。在法案通过很久之后，主要报纸、国会民主党人、商界领袖和经济学家还在继续批评它。在1930年11月的一次会议上，托马斯·W. 拉蒙特（1931:92—93）在一篇广泛报道的评论中抱怨：

> 我们把一项新关税法案的重担套在我们自己的脖子上，使我们的局势复杂化。提高关税税率肯定在国外引起了某种沮丧和敌意，并导致报复性关税。由于它们所造成的不确定性和混乱，它们可能对国内贸易和国际贸易都造成了一些损害。美国新关税法案的不良后果很容易被放大。我们不能把它们归类为我们目前的萧条的控制因素。不过毫无疑问，我们选择了一个最不合时宜的时间来制定这一特定的关税法规。国内和国外贸易都开始出现下降的迹象，正如1929年初夏那样，那当然不是建立新的贸易壁垒的时候。

里德·斯穆特立即回应拉蒙特的评论：

> 新关税法案阻碍商业复苏的说法让我忍无可忍。现在成千上万

的人在工作,在制鞋、纺织和其他行业工作,如果没有新的关税法案,这些人将无所事事。今天的玉米、黄油、羊毛和其他农产品的价格都比以前高,世界其他地方的价格也证明了这一点。这绝不是由于我们增加关税而引起的报复,自从我们修订关税以来,只有一个国家提高了关税,而这对我们几乎没有影响。

斯穆特总结说,随着美国和外国工资差距的扩大,"现在的问题并非关税是否太高,而是关税是否足够高"(*New York Times*,November 16,1930:1)。

在1932年发表的一篇著名文章中,哈佛大学经济学家萨姆纳·斯里克特(Sumner Slichter,1932:522)称《斯穆特-霍利关税法案》"是一项几乎令人难以置信的经济上的愚蠢行径",并表示他相信"这一关税法案使世界贸易面对大萧条不堪一击,而且它在经济衰退到来时起到了推波助澜的作用"。斯穆特完全反对这一观点,并声称,如果没有更高的关税,大萧条会糟糕得多。他坚称,各国并非是报复《斯穆特-霍利关税法案》的行动,而只是为了自身利益行事。"在国运危急的时刻,保护势在必行。"斯穆特(1931)宣称:"没有1930年的关税增加,美国将成为世界上所有剩余产品的倾销地。""《斯穆特-霍利关税法案》已被证明是对抗全球经济衰退的减震器,现在,就业比廉价商品重要得多。"并且他否认美国开始向高关税发展:

很难理解为什么谁都要把增加保护性关税这一普遍趋势的责任推到美国身上。在1930年6月国会通过《斯穆特-霍利议案》之前,许多国家修改了他们的关税,并且许多国家从那时都提高了关税。每个国家都有自己的经济考虑。只有盲目的自我主义者才会认为世界转而采取保护主义措施,以报复美国的关税。

斯穆特完全相信,以他的名字命名的关税法案帮助了经济。正如他的传记作者所言:

在参议院,在巡回演说中,在杂志上,通过媒体,他有条不紊地回应了这些攻击。法案通过后,在他的任何讲话或信件中都没有迹象表明,他对法案是否明智和有善意有丝毫的怀疑。他发表了数十次演

资料来源:《圣路易斯邮讯报》编辑漫画汇集。感谢密苏里州历史学会提供。

图 4.1　希望民众原谅

> 讲,在每次发表演讲时,他都会为《斯穆特-霍利关税法案》辩护,回击那些无论是针对具体的谴责还是一般性的谴责。(Merrill,1990:338)

一些经济学家担心如果 1931 年经济开始好转,《斯穆特-霍利关税法案》可能会获得良好的声誉。正如第二章所指出的,以前的许多关税法案都是在商业周期的低谷附近颁布的,这使得支持者可以宣称更高的关税是随后经济复苏的原因。正如弗兰克·陶西格(1930:19)警告的:

> 在未来的日子里,《斯穆特-霍利关税法案》可能会因将整个国家从灾难中拯救出来而受到赞美。目前的大萧条将会继续下去;一年,两年,

或者三年——谁能说多久呢？一切将再次顺利而繁荣地发展。到那时,1929—1930 年发生的事件的年代和意义将被大多数人遗忘,并且很有可能说 1929 年发生了一场大恐慌,通过 1930 年《关税法案》以国家主权补救措施力挽狂澜,很快重返繁荣。在我们的关税辩论中,“飞来侠的意见”是司空见惯的,而且它从来都没有让保护主义者失望。

资料来源:《圣路易斯邮讯报》编辑漫画汇集。感谢密苏里州历史学会提供。

图 4.2　此情可待成追忆

然而,这种模式并没有重复。在《斯穆特-霍利关税法案》通过后,复苏并非近在眼前、指日可待,相反,经济在 1931 年和 1932 年进一步恶化,世界贸易继续下滑。

尽管经济持续衰退，斯穆特和霍利对在以其名字命名的关税中所扮演的角色并不后悔。然而不幸的是，随着大萧条的加剧和贸易壁垒的激增，从未获得积极评价的《斯穆特-霍利关税法案》的名声越加恶劣。20 世纪 30 年代早期的一系列事件解释了当时的普遍看法，即《斯穆特-霍利关税法案》对保护主义在世界各地蔓延负有部分责任。不足为奇，许多人相信这部法案加深了那个时期的经济灾难。

不断发展的经济灾难使在 20 世纪 20 年代大部分时间一直不声不响的民主党的低关税派重新活跃起来。糟糕的经济状况使民主党在 1930 年的中期选举中获得了众议院的控制权。1931 年 8 月，田纳西州的民主党参议员肯尼斯·麦凯勒提议废除《斯穆特-霍利关税法案》，并立即全面削减 25%的关税。尽管大多数民主党人认为《斯姆特-霍利关税法案》是不明智的，但是这个想法在政治上行不通。由于失业率仍在上升，而且针对美国出口的对外贸易壁垒激增，即使是民主党也无法争取到任何政治支持来单方面降低关税。[①]

相反，民主党人和"激进派"共和党人联合起草了一项立法，将弹性关税权限从总统手中收回并将其交还给国会，同时还在关税委员会设立了一个消费者委员会办公室。他们还希望鼓励总统与其他国家协商，以推动更友好的贸易关系，尽管没有给予他降低关税的具体授权。筹款委员会报告指出："美国人民普遍认为，由于 1930 年《关税法案》出台了高得离谱的关税，使我们招致世界上许多国家的敌意。""民众认为这敌意导致许多国家对美国实施报复性关税，这一进一步引起公众中有想法、善思考的人的不安和关注。"(House Report No. 29, 72nd Congress, 1st Session)

---

① 由于在 1932 年《税收法案》中加入几项更高的关税，民主党表明他们也无法免受导致更高关税的互投赞成票的影响。众议院在议案中包括了对石油和煤炭征收更高的关税，而参议院财政委员会在是否应该将保护性关税纳入一项税收措施展开了激烈的争论。罗伯特·拉弗莱特以一票之差输掉了一项将该议案限制在税收措施上的动议。在对关税进行了几次表决后，铜和木材被列入增加关税的商品清单。随后又提出了加入植物油、黄油、含锰矿石和农产品出口债券的动议。由于政治进程有可能再次因相互争吵而失控，这一次是在民主党手中，参议院领导层设法否决了这一附加修正案。对石油、煤炭、铜和木材的额外关税都得到了民主党的支持，这给了里德·斯穆特充分的理由抵赖他所在的政党对这一事件负有责任。胡佛总统签署了该议案，但这一事件表明，在抵抗来自某些强大的地方利益集团的压力方面，国会民主党人并不比共和党人强多少。

1932年年初，参众两院以强烈的党派投票通过了这项议案。毫不奇怪，胡佛总统立即否决了这项议案。在他的否决信中，胡佛（1976：205－207）反对取消总统对弹性关税的权力，他认为，这项规定是“消除过度关税和关税中任何不公平现象的适当方式，并为变化的经济状况提高灵活性”。胡佛总统认为，“在美国历史上，关税保护从来没有像现在这样对美国人民的福祉更加重要”，原因一部分是由外汇贬值导致的外国产品的低价。“在这种情况下，维持美国的保护政策势在必行。”

胡佛总统还驳斥了进行国际谈判的呼吁，称关税“只是一个国内问题”。他担心这样的会议“将使我们对国内事务的一个重要部分的控制屈服于其他国家的影响，或者使我们在国际谈判中陷入徒劳无果的境地”。相反，他提出了这样的挑战：“如果国会提议对我们的历史政策进行彻底的改变，并且是通过国际谈判这一影响整个美国关税的形式，那么国会有责任坦率地宣布并且表明其准备的程度。”

迈向新的贸易政策

1932年的总统选举取决于胡佛政府对经济的处理。由于经济仍处于大萧条时期，现任共和党人的政治命运十分严峻。斯穆特和霍利都在1932年的选举中失去了他们的席位，斯穆特输给了他的民主党对手，而霍利甚至没能赢得共和党的初选。然而，他们在制定1930年《关税法案》过程中扮演的角色是否直接导致他们的国会生涯的终结，这还是个疑问；1932年，几乎所有的共和党人都很难再次当选。

在他们的竞选纲领中，共和党人对制定《斯穆特-霍利关税法案》毫无歉意。该党宣称自己“一直是美国保护性关税制度的坚定支持者……把市场拱手让步给那些会有损于我们的农场、矿山、工厂以及降低我们工人生活水平的外国竞争对手，这就是一种投降。而我们找不到任何理由能为这种投降主义申辩。充分的关税保护在当今对美国人民尤为重要”（Porter & Johnson，1956：343）。与此同时,民主党的竞选政纲写道:“我们谴责《斯穆特-霍利关税法案》,该法的限制性关税税率已导致四十多个国家对美国的报复行动,造成了国际经济上的敌对,破坏了国际贸易,迫使国内工厂外迁国外,把美国农户的海外市场拱手让给了别国,徒增了生产成本。”(Porter & Johnson,1956:333)

不出所料,民主党人以压倒性优势当选。这给富兰克林·罗斯福总统和民主党国会一个重塑美国贸易政策的机会。在竞选期间,罗斯福严厉批评《斯穆特-霍利关税法案》,并且因为宾夕法尼亚州共和党参议员约瑟夫·格兰迪积极促成这一立法,罗斯福还一语双关地称其为“格兰迪关税”。[①] 但由于失业率太高,总统不愿呼吁任何关税削减。相反,罗斯福和其国务卿科德尔·赫尔决定与其他国家谈判,降低国内外的关税。1934 年,他们提出了《互惠贸易协定法案》(Reciprocal Trade Agreements Act,RTAA),法案规定国会授权总统在贸易协议中有权将进口关税上调或下调 50%。在给国会请求授权的信中,罗斯福总统明确指出了美国在世界市场上所面临的歧视:

> 其他国家的政府正越来越多地通过谈判互惠贸易协定来赢得他们在国际贸易中的份额。如果美国的农业和工业利益要在这一贸易中保持他们应有的地位,美国政府必须处于一个应有的位置上,在此位置上,政府可以在经过深思熟虑的计划的基础上,通过迅速而果断的谈判,与其他国家的政府讨价还价;并且要审时度势在美国市场上给予外国产品相应的机会,对于国产产品起到取长补短的作用。如果美国政府不能为公平的机会提供公平的条件,美国贸易就将被赶超。基于一定条款,美国政府有意愿与其他国家打交道,但是如果政府不能在某一特定时刻迅速改变那些条款,它就不能充分保护美国贸易免受歧视以及帮助其对抗有损其利益的交易。(*Congressional Record*, March 2,1934:3580)

民主党控制的国会迅速并以压倒性的优势通过了《互惠贸易协定法案》。

---

① Grundy 是约瑟夫·格兰迪(Joseph Grundy)的姓,同时这一英语单词还有心胸狭窄、锱铢必较的含义,所以“格兰迪关税”意为“锱铢必较的关税”。——译者注

在回忆录中，赫尔(1948，1：357)认为："在参众两院，我们得到了众多的支持，大部分人强烈反对《斯穆特-霍利关税法案》。"事实上，《互惠贸易协定法案》的通过并没有反映国会对《斯穆特-霍利关税法案》的普遍否定，也没有反映单个成员国基本关税优惠的变化。相反，这种变化可以简单地解释为国会的党派组成发生了巨大变化，低关税的民主党取代了高关税的共和党。在分析了所有既支持《斯穆特-霍利关税法案》又支持《互惠贸易协定法案》的国会议员的投票后，凯伦·施耐茨(Karen Schinietz，2000)明确指出，国会对这一措施的明智性并没有改变看法。这意味着，那些投票给《斯穆特-霍利关税法案》的议员后来并未后悔转而投票支持《互惠贸易协定法案》。95 名国会议员投票给《斯穆特-霍利关税法案》，而只有 9 名投票给《互惠贸易协定法案》，这 9 名中 7 名是民主党，而 86 名共和党成员中只有 2 人改变了想法。

其中一位是来自堪萨斯州的参议员亚瑟·卡珀(Arthur Capper)，他可能由于《斯穆特-霍利关税法案》通过后发生的一系列不幸事件而改变了想法。[①]正如卡珀表示：

> 我是保护性关税的坚定支持者。但在我看来，自从我们颁布了最新的关税法案之后，美国就有了棘手的问题要解决，这些问题存在于以关税、配额、禁运等类似的贸易限制干扰世界贸易层面上。我不同意那些认为美国的高保护关税政策是世界贸易停滞的唯一或者甚至是根本原因的观点。但现在我毫不怀疑，全世界普遍存在的高关税、限额、禁运以及类似的贸易限制阻碍了世界贸易的实质性恢复，无论其他原因是什么。

以卡珀的观点，如果美国想要扩大世界贸易，除了寻求与其他国家达成贸易协定，就几乎没有其他选择：

> 如果我们继续保持目前的高关税税率，世界上其他国家将继续保持他们的高关税税率，甚至可能对我们设置一些额外的壁垒。在我看

① 另一位是密歇根州参议员詹姆斯·库曾斯(James Couzens)，关于他的观点的改变，他没有在《国会记录》中发表声明，但他已经成为认同"新政"的共和党人。

来，同样明显的是，如果美国自己降低关税壁垒，外国商品将如灾难性的洪水般淹没我们的市场，在公平的关税条件下，而我们的产品没有任何外国市场的补偿。看来相当明显的是，如果刺激世界贸易和恢复我们自己的出口贸易要通过改变关税列表来实现，那么我们和其他有关国家的相互行动是绝对必要的。

然而，在这个案例中，卡珀并没有看到国会的直接的作用：

但如果要谈判互惠贸易协定，从实际角度看，国会似乎没有资格甚至没有能力承担这项任务……我们在制定关税立法方面的经验令人沮丧，尤其是在战后时期。群组和部门之间的交易是不可避免的。互投赞成票是不可避免的，而且是以最有害的方式发生的。通过各种邪恶的联盟和组合，还有那些五花八门往往给我们自己增加麻烦和给世界带来苦难的行业性和地方性的关税，我们胡作非为。对于我来说，我觉得没有理由相信再做一次尝试会有更美好的结局。(*Congressional Record*, June 4, 1934: 10378—10379)

《斯穆特-霍利关税法案》和《互惠贸易协定法案》之间的一个显著区别是，当国会考量新法案时，完全没有那些试图影响国会的利益集团的参与。与国会在审议《斯穆特-霍利关税法案》时收到的大量听证会和其他材料相比，筹款委员会只收到了63份与《互惠贸易协定法案》相关的反馈意见，其中59份反对该法案。尽管种植棉花和小麦的农户支持这项法案，但是纺织公司、玩具制造商和其他许多中小型生产商反对这项法案(Schnietz, 2000: 428)。与《斯穆特-霍利关税法案》相比，人们对新法案缺乏兴趣的一个原因是，“与1930年相反……当时的情况是利益集团为主角、从量关税是主要问题，而在1934年，重中之重的问题是制度问题，问题的核心是权力从国会向行政部门的转移”(Haggard, 1988: 112)。《互惠贸易协定法案》是赋予总统权力的立法。没有人知道权力会被怎样使用，谈判会有多大成功，大大小小的协定可能有多广泛，哪些利益可能受到最大影响，或者它是否能被未来的每届国会执行下去。有一点并不明朗，即新法案是否一定会在贸易政策方面产生永远的、经久不衰的改变，但有一点是明确的，那就是民主党控制的国会厌倦了在关税立法时互投赞成票这一套，愿意在贸易政策制定中扮演极为有限的角色。

资料来源：《圣路易斯邮讯报》编辑漫画汇集。感谢密苏里州历史学会提供。

图 4.3　法案是参议员挥之不去的痛

和《斯穆特-霍利关税法案》一样，《互惠贸易协定法案》的出台主要不是出于利益集团的要求。当然，一些关键的经济利益集团支持这项立法，但他们并没有直接煽动。相反，当民主党取代共和党时，华盛顿代表的利益发生了变化，与共和党人支持与进口竞争的生产商不同，民主党人试图帮助出口导向型的农户和制造商。政客们带头扩大美国农产品和制造品的国外市场，但没有对这些利益集团的游说做出直接回应。就像《斯穆特-霍利关税法案》本身一样，这表明政客们可以利用经济利益实现他们的政治目标，一个国家的关税政策不仅仅是经济利益集团为了自己的利益而操纵易受影响的政客的结果。

整个20世纪30年代，以科德尔·赫尔为首的美国国务院与十几个国家达成了贸易协定，这开始使美元贬值。民主党国会不顾共和党人的强烈反对，于1937年和1940年更新了这项新法案。最后，在1947年，贸易协定项目以多边《关税和贸易总协定》告终。《关税和贸易总协定》由一套管理贸易政策的规则组成，以便协商降低关税，并因此建立了战后的世界贸易体系。[①]《关税和贸易总协定》的一项主要原则是以无条件最惠国条款的形式履行非歧视。美国坚持无条件的最优惠国家条款，与其一直要努力扭转《斯穆特-霍利关税法案》所引起的各国对美国的歧视性贸易政策的想法是一致的。事实上，美国国务院当时的文件显示，美国谈判代表"更感兴趣的是消除或减少有利于英属国家的内部优惠制度，而不是降低英属国家的最惠国关税"(Dur，2010：80)。

事实上，虽然《关税和贸易总协定》是在《斯穆特-霍利关税法案》通过17年后确立的，但那份早先的法案并没有被忘记。追溯回20世纪30年代初，哈利·杜鲁门(Harry Truman，1963：168)总统阐述了该协定重要性的一些原因：

> 随着30年代经济战争的每一场战役的展开，不可避免的悲剧结果越来越明显。从斯穆特-霍利的关税政策到渥太华会议和大英帝国特惠制，又从渥太华会议到纳粹德国所采用的那种事无巨细的限制。各国扼杀正常贸易，以邻为壑，这种现象遍布世界各地。这些人中谁是赢家？不是那些因银行倒闭而失去存款的储户，也不是那些失去农场的农户，更不是数百万在大街上找工作的人。我并不是说经济冲突是大萧条的唯一原因。但我要说这是一个主要原因。

在20世纪30年代，共和党人一致反对《关税和贸易总协定》，但是，第二次世界大战后，他们的反对意见出现了分歧(Irwin & Kroszner，1999)。大多数共和党人一改自己孤立主义者的身份，转而成为谨慎的国际主义者。他们担心给总统太多的自由裁量权来降低关税，但是，在经历了起草《斯穆特-霍利关税法

---

① 关于《关税和贸易总协定》的起源，参见欧文、马维蒂斯和赛克斯(Irwin，Mavroidis and Sykes，2008)。

案》的千辛万苦后,国会中没有人——即使是共和党中也没有人愿意承担再次设定关税税率的直接责任。密歇根州的参议员亚瑟·范登堡(Arthur Vandenberg)投票支持《斯穆特-霍利关税法案》且在20世纪30年代一再反对《关税和贸易总协定》的前孤立主义者,提醒他的同僚:

> 国会制定的关税税率太恶劣了。甚至缺乏任何经济学的科学性或有效性的元素。我觉得包括我在内的10名参议员,花了11个月的时间起草最后一份国会关税法案,在他们愿意处理另一份国会关税修订法案之前,会和我一起辞职。(*Congressional Record*, June 14, 1948:8049—8050)

而曾在战后竭力反对互惠贸易协定的做法、来自俄亥俄州的共和党颇具影响力的参议员罗伯特·塔夫特(Robert Taft)写道:"我早就说过不赞成回到由国会确定关税税率的问题上来,这不可避免地会带来一场严重的讨价还价,但我赞成设立一个关税委员会,授权它根据国会规定的一些标准来确定关税,这些标准与美国国内和国外的生产成本不同有关。"(Taft,2006,3:228—229)

然而,一些共和党人甚至在20世纪50年代初仍对高保护性关税念念不忘。在1953年就职后不久,德怀特·艾森豪威尔(Dwight Eisenhower)总统会见了共和党国会领袖。来自共和党更自由、更国际化的一派的艾森豪威尔发现,在贸易等问题上,他与党内更保守的国会成员存在许多分歧。艾森豪威尔(1963:195)回忆说,国会中的一些共和党人"对《贸易协定法案》不满意,有几个人甚至希望我们能恢复《斯穆特-霍利关税法案》,我知道这一举措将是毁灭性的"。

然而,此时,只有少数共和党人真正希望恢复斯穆特和霍利的关税政策。尽管两党对贸易协定中应包括的具体规则存在分歧,但两党都赞同行政部门应该能够与其他国家达成贸易协定的观点。结果,1930年《关税法案》证明那是国会最后一次决定适用于美国进口产品的具体税率。

援引《斯穆特-霍利关税法案》

自第二次世界大战以来,一系列多边和双边贸易协定已将美国关税降至令斯穆特和霍利震惊的水平。1930 年，应税进口商品的平均关税为 45%，而 2010 年的平均关税不到 5%。自第二次世界大战以来，总统和其他国会议员一再援引《斯穆特-霍利关税法案》和 20 世纪 30 年代的经验来拒绝保护主义的呼声，并为继续推进更自由的贸易辩护。

1967 年 12 月，林登·约翰逊(Lyndon Johnson)总统在签署根据关贸总协定谈判的《肯尼迪回合协定》时说：

> 这个国家的哪个工业领袖或工会领袖真正渴望并希冀回到斯穆特-霍利时代？因为这个高关税、需要配额和竞争性货币贬值的世界，同时也是一个你熟知的充斥着贬值、高失业率、低利润(如果有的话)和普遍亏损的世界。

约翰逊认为，任何提高关税的举动都会“引发应对性保护和报复的连锁反应而危及我们合作与共赢的能力”，并认为“我们希望继续下去的是那种在一个空前繁荣和增长的世界里不断减少贸易壁垒的时代”。

战后，美国贸易政策的政治格局发生了重大变化。20 世纪 50 年代和 60 年代进口对经济影响不大，所以贸易政策并不是很有争议。但在 20 世纪 60 年代和 80 年代，随着欧洲和日本从第二次世界大战中完全复苏而且其他国家也开始呈现为重要的生产国，进口开始迅速增长。随着外国竞争加剧，保护主义压力再度出现，贸易政策再次成为一个有争议的问题。

20 世纪 70 年代初，国会曾考虑过一项对进口纺织品、服装和其他商品实行配额的议案，但未能通过。反对者警告称，保护主义措施可能会重蹈 20 世纪 30 年代的覆辙。来自佛罗里达州民主党众议员萨姆·吉本斯(Sam Gibbons)提醒他的同事们，我想大家都知道，正如历史给我们的教训，《斯穆特-霍利关税法案》是一个多么令人遗憾的错误。吉本斯说，《斯穆特-霍利关税法案》是“一个可怕的庞然怪物”“把这个国家拖入了大萧条的最深处……我们中年纪足够大的人还记得《斯穆特-霍利关税法案》可能是当时世界贸易解体的主要原因之一，并且导致了殒命无数的第二次世界大战”(*Congressional Record*，December 12，1973：40498－40499)。

20 世纪 80 年代初出现了更严重的保护主义压力。美国遭遇了痛苦的经济衰退和高失业率,汽车和钢铁等关键行业的外国竞争加剧,以及美元对其他主要货币升值导致的贸易逆差不断扩大。国会反复考虑并有时通过立法限制纺织品、钢铁、汽车和其他商品的进口。那些捍卫开放贸易政策的人经常援引《斯穆特-霍利关税法案》来反对任何保护主义行动。而很少有人像罗纳德·里根(Ronald Reagan)总统那样经常否决贸易限制法案。例如,在 1983 年的一次广播讲话中,他说:

> 人们强烈呼吁我们屈服于保护主义者的压力。我活了这么久,还记得我们在本世纪曾经出台过《斯穆特-霍利关税法案》,美国为此经历了一场噩梦。世界贸易下降了 60%,导致大萧条以及第二次世界大战的政治动荡。(Reagan,1984,1:332)[①]

里根在他的政府会议上多次发表过类似声明。1985 年,他说:

> 我们有些人还记得 20 世纪 30 年代,史上最具破坏性的贸易法案《斯穆特-霍利关税法案》将这个国家和整个世界拖入了十年的萧条和绝望。从现在起,如果斯穆特-霍利的幽灵在国会探头探脑地想找到一席之地,如果国会起草一份可能制造大萧条的议案,我将与之斗争。(Reagan,1988,2:1032)

在整个 20 世纪 80 年代,国会议员就贸易立法加以辩论,所以他们有很多场合重拾对斯穆特和霍利的记忆。然而,这次,各政党在贸易问题上已经改变了立场:共和党人支持开放国际贸易,民主党人支持限制进口,以帮助国内工业生产类似产品。[②] 共和党人开始利用《斯穆特-霍利关税法案》来警告保护主义贸易政策的后果。来自罗得岛的共和党参议员约翰·查非(John Chafee)指出,《斯穆特-霍利关税法案》"毫无疑问导致了大萧条"(*Congressional Record*, June 17,1985:15975)。甚至那些主张对不公平的外贸行为采取强硬立场的共和党人也做出让步,承认了这一点。其中一位持这种观点的、来自密苏里州的

---

① 按名义价值计算,世界贸易量的确下降了那么多,部分原因是通货紧缩,部分原因是贸易量的下降。

② 这在一定程度上是因为两党已经改变了他们获得政治支持的地区。不同于 20 世纪 20 年代,共和党现在从南部和西部获得支持,而民主党现在从北部获得政治力量。参见基奇和帕克(Keech and Pak,2005)。

共和党参议员约翰·丹福斯(John Danforth)指出:

> 《斯穆特-霍利关税法案》确实促成了大萧条。如果半个多世纪后再犯同样的错误,那将是一种极其愚蠢的行为。美国的目标应该是开放市场,而不是关闭市场。(*New York Times*,April 25,1985:9429)

一些民主党人继续认同这一观点。来自纽约州的民主党参议员丹尼尔·帕特里克·莫尼汉(Daniel Patrick Moynihan)指出,“从来没有灾难像斯穆特-霍利的一项经济立法,因为它带来了 10 年的悲惨的大萧条”(*Congressional Record*,July 30,1982:18575)。

其他民主党人则驳斥了斯穆特-霍利的类比,并努力驳斥斯穆特-霍利导致大萧条的指控。经常试图纠正斯穆特-霍利关税神话的两位参议员是来自宾夕法尼亚州的民主党参议员约翰·海因茨(John Heinz)和来自南卡罗来纳州的民主党参议员欧内斯特·霍林斯(Ernest Hollings)。① 他们一再辩称,《斯穆特-霍利关税法案》不是贸易崩溃或者大萧条的原因。正如海因茨所说:“《斯穆特-霍利关税法案》似乎是这些自由贸易者最喜欢的例子;尽管事实是,在 1930 年秋之前其影响是不可能被感觉到的,且当时大萧条已然一路高歌地开始了;而且《斯穆特-霍利关税法案》所界定的商品占不到世界贸易的 1%;更进一步地说在 1930—1932 年美国的免税进口下降的百分比几乎与应课税进口相同”(*Congressional Record*,September 30,1985:25310)。他声称“《斯穆特-霍利关税法案》的影响被夸大了,而且它成了大萧条的替罪羊,尽管事实是,《斯穆特-霍利关税法案》是在整个大萧条、第二次世界大战、并且毫无疑问以核心家庭为美国社会基本要素开始衰落等情况出现后的 9 个月后才颁布的”(*Congressional Record*,December 3,1987:33969)。

努力捍卫《斯穆特-霍利关税法案》,海因茨在《国会记录》中三次插入了一项研究——《斯穆特-霍利关税法案的神话》(The Myth of Smoot-Hawley)。海恩茨之所以这么做,是因为“每次国会有人发表更激进的贸易政策演说或者表

① 不出所料,他们代表的州在 20 世纪 80 年代受到了外国竞争的沉重打击,如宾夕法尼亚州的钢铁工业和南卡罗来纳州的纺织业和服装业。

示我们需要直面那些带有补贴的、进口壁垒的或者其他不公平做法的贸易伙伴时，有人，通常是在学术界或者国会，立即就跳出来以斯穆特-霍利阴魂不散和赤裸裸的保护主义的黑暗日子又要重返啦这类演讲做反应。……斯穆特-霍利因此成了保护主义贸易措施的代名词，结果也就成了大萧条和重大经济灾难的代名词。”海因茨不同意这类观点并且寻求更好的方式提醒国会中的同僚：

> 通常客观看待这些事情的历史学家和经济学家都意识到，事实远不止如此，真相极为复杂，大萧条的原因要深刻得多，这种简单的联系所暗示出的高关税和经济灾难之间的关联禁不起推敲。当然，这并不是说高关税是好事，或者《斯穆特-霍利关税法案》是明智的。不是的。但它显然也不能为20世纪30年代的所有弊病负责，那些自认为是自由贸易捍卫者的人习惯性地将这些弊病归咎于它。(*Congressional Record*, May 3, 1983: 11538—11539)

参议员欧内斯特·霍林斯在拒绝使用斯穆特-霍利的标准说法方面甚至更加精彩。带着深沉的男中音和浓重的南方口音，健谈的霍林斯经常被人比作《兔八哥》(Bugs Bunny)的大公鸡莱亨雾角(Foghorn Leghorn)。霍林斯批评现行的贸易政策并表示：

> 所谓自由贸易的倡导者精心炮制了一个丰富多彩的神话。他们对着“看不见的手”高唱哈利路亚，在“相对优势”祭坛前跪拜。当然，“自由贸易者”也有一种魔鬼论。而那个充满想象力的魔鬼论中的墨菲斯特(Mephistopheles)和路西法(Lucifer)就是众议员威尔斯·霍利和参议员里德·斯穆特。几十年来，卑鄙的《斯穆特-霍利关税法案》的寓言一直让我们津津乐道，而现在，它们促成了1929年的大灾难。好吧，总统先生，让我们记录一下，据称由斯穆特-霍利促成的经济危机发生在1929年。《斯穆特-霍利关税法案》在1930年通过并生效，这是一个令人不快的事实。关于斯穆特-霍利还有许多其他令人不愉快的事实，这些事实与流行的神话不符。(*Congressional Record*, June 14, 1987: 19765)

随着时间的推移,《斯穆特-霍利关税法案》在贸易辩论中的使用方式发生了微妙的变化。在20世纪80年代,它被用来反对提高贸易壁垒。到了20世纪90年代,它被用来反对那些反对减少贸易壁垒的人。在1993年关于《北美自由贸易协定》的辩论中,斯穆特和霍利的名字多次出现,尤其是副总统阿尔·戈尔在与罗斯·佩罗的电视辩论中令人难忘的一幕。在次年的《乌拉圭回合协定》的辩论中他们得到进一步的注意,随后在这些协定基础上建立了世贸组织。[①] 来自路易斯安那州的民主党参议员约翰·布鲁克斯(John Breaux)在一份代表声明中说:

> 今天的投票是在新旧之争的投票,也是在新旧之间的选择。
>
> 这是一个我们是想回到《斯穆特-霍利关税法案》的时代,还是想迈入21世纪的问题;这是一个我们是在美国周围修建围墙,还是推倒世界其他国家周围的围墙的问题。(*Congressional Record*,December 1,1994:30159)

但那些对世贸组织和贸易增长持怀疑态度的人,例如来自内布拉斯加州的民主党参议员詹姆斯·埃克森(James Exon)反驳道:

> 这种观点的支持者将试图把反对者描绘成贸易保护主义者。这不是一项存在于世贸组织与斯穆特-霍利之间的选择。还有很多其他的选择。(*Congressional Record*,December 1,1994:30160)

来自蒙大拿州的民主党参议员马克斯·鲍克斯(Max Baucus)补充道:"我听说了所有这些恐怖的故事,如果这个法案不被批准,世界将走向末日,走向一个灾难性的反应,斯穆特-霍利如何如何……这些都是胡说八道。绝无此事。"(*Congressional Record*,November 29,1994:29971)

在2000年的时候,斯穆特-霍利仍然在规模较小但存在分歧的贸易辩论中被提及,如给予中国永久正常化贸易关系和给予非洲贸易优惠的辩论中。艾奥瓦州的共和党参议员查尔斯·格拉斯利(Charles Grassley)指出,如果国会不

---

① 1994年8月,446名经济学家给比尔·克林顿总统写信,支持《乌拉圭回合协定》。有三位在这封信上签名的经济学家,曾在1930年写给胡佛总统的信上签名,警告不要通过《斯穆特-霍利关税议案》。

同意这些措施，那么，

> 我想你们可以回到20世纪30年代，回到那个让我们从导致世界大萧条的《斯穆特-霍利关税法案》吸取教训的时代，而世界大萧条又导致第二次世界大战的时代。我们很快就意识到高关税对世界经济不利。这对美国经济不利，因为在那场由《斯穆特-霍利关税法案》引发的大萧条中我们遭受的损失和世界其他地方一样多，甚至更多。(*Congressional Record*, May 10, 2000: S3789)

这样的声明激怒了参议员霍林斯，他回忆起他在20世纪80年代和参议员海因茨一起努力教育国会《斯穆特-霍利关税法案》的影响是如何被夸大的。

> 我们已经听腻了《斯穆特-霍利关税法案》，以及邪恶的小妖精要来了。当时的议论是《斯穆特-霍利关税法案》会引起一场世界大战；如果你不投票支持自由贸易，我们就会爆发第三次世界大战。我从来没听说过这种无稽之谈。是时候把斯穆特-霍利这只秃鹫关进监狱了。(*Congressional Record*, September 7, 2000: S8153)

霍林斯认为，"美国人需要开始以现实主义者的身份谈贸易问题了。别再给我们这种象征性的胡扯，像斯穆特-霍利那样的胡言乱语"(*Congressional Record*, September 10, 1996: 22513)。

在关税法案实施80多年后，当辩论转向贸易时，斯穆特和霍利仍会在国会和报纸社论中被提及。[①] 但随着时间的推移，故事有时会被歪曲。2009年，来自明尼苏达州的共和党众议员米歇尔·巴赫曼(Michele Bachmann)在拿斯穆特-霍利说事儿的时候闹出了一桩笑话，她说，《霍特-斯莫利法案》(Hoot Smalley Act)是

---

① 亚利桑那州共和党参议员约翰·麦凯恩(John McCain)指出："1930年，当美国和世界进入那个在历史上被称为大萧条的时候，斯穆特和霍利两位先生，尽心竭力地制定颁布保护主义立法面对经济危机。他们的法案(即《斯穆特-霍利关税法案》)提高了数千种进口商品的关税，试图将就业机会留在国内，却徒劳无功。"面对这项立法，1 028位经济学家向赫伯特·胡佛总统发表了一份声明，他们在声明中写道："美国现在正面临着失业问题。支持提高关税的人声称提高税率会给懒人提供就业机会。这是不对的。我们不能通过限制贸易来增加就业。"斯穆特先生、霍利先生和他们的同僚对这个明智的警告毫不理会，国会继续推进保护主义立法。由此引发了一场国际贸易战，世界各国纷纷采取报复行动，提高各自的关税限制贸易，这些促使一场严重的衰退转变为现代史上最大的萧条。(*Congressional Record*, May 18, 2009: S3331)

限制关税问题上的巨大的负担，当然还有贸易壁垒、监管负担和税收壁垒。[①] 当然，斯穆特-霍利事件发生在胡佛总统时期而不是罗斯福总统时期。

资料来源：美国消费电子协会(Consumer Electronics Association)。

图 4.4　美国消费电子协会 2008 年在报纸上刊登有关《斯穆特-霍利关税法案》的历史回顾以提醒读者，旨在支持与巴拿马、哥伦比亚和韩国达成自由贸易协定

---

① 2009 年 4 月 27 日在众议院发表的讲话，摘自 cspan.org。在 2009 年 4 月 27 日《国会记录》H4762 中，斯穆特和霍利的名字得到更正。

斯穆特-霍利能否重返舞台？

20 世纪 30 年代早期的黑暗岁月一直在提醒美国国会重新确立自己在贸易政策领域的地位。斯穆特和霍利一直是贸易保护主义政策的妖魔鬼怪，并成为保护主义失控后会发生什么的警示。正如哈佛大学经济学家理查德·库珀(Richard Cooper)所言：

> 外交政策界从《斯穆特-霍利关税法案》的经验中吸取了宝贵的教训：关税报复的威胁并不总是虚张声势；关税确实对贸易流动产生了负面影响；贸易的下降会抑制国民经济；经济萧条为政治上激进的江湖骗术提供肥沃的土壤；而政治激进分子通常寻求国外的军事冒险，以转移国内对其经济失败的关注。在远东和欧洲，第二次世界大战的种子都是由胡佛签署的《斯穆特-霍利关税法案》播下的。

虽然这种描述可能有些夸张，但它比"《斯穆特-霍利关税法案》对贸易没有影响，也没有造成那个时期的问题"的说法更准确。

但随着历史记忆的消退，以及斯穆特-霍利不再有能力灌输人们对保护主义和贸易战的恐惧，会发生什么呢？美国会回到斯穆特-霍利的保护主义时代吗？2008 年美国的金融危机和随后的急剧衰退与大萧条的开端有某些早期的、诡异的相似之处。这让人们担心，保护主义可能会再次爆发(Evenett, Hoekman and Cattaneo, 2009)。幸运的是，这种结果不太可能出现。美国的政治体系有着巨大的惯性和高度的现状偏见。经历了大萧条和第二次世界大战才把高关税制度从美国政治体系的稳固地位上推倒。因此，需要有另一个巨大的冲击让美国背离其在第二次世界大战后帮助创建的并一直在培养的开放贸易体系。

有几个具体的原因可以让我们不必太考虑回到斯穆特-霍利关税时代的可能性。首先，20 世纪 20 年代，国会试图利用保护性关税帮助农业和工业，因为当时可用的政策手段有限。当时没有补贴或社会保障体系帮助美国农户，因此政客们求助于唯一可用的政策——提高进口关税。而今天，有许多形式的收入生存保障，包括贸易调整援助和就业保险帮助受到进口或经济衰退不利影响的工人。

此外，在大萧条期间，金本位制的固定汇率阻止了使用货币政策帮助经济发展。20 世纪 30 年代，大多数政府都相信即使在衰退期间也应该平衡预算，因此也没有将财政政策作为潜在的稳定工具。由于货币和财政政策的应对策略被排除，各国政府诉诸唯一可以处置的政策工具——进口限制——刺激经济。理解这些政策工具的限制，有助于解释为什么 20 世纪 30 年代对于全球贸易政策是如此灾难性的时期(Eichengreen and Irwin，2010)。今天，各国政府有各种各样的政策工具应对经济衰退，贸易干预在很大程度上(但不是全部)不在讨论之中。

其次，与 20 世纪 20 年代和 30 年代相比，今天的美国在世界贸易中的参与度要高得多。1929 年，商品和服务出口仅占国民生产总值的 5%左右，如今，出口占国民生产总值的 11%。经济已经转向了服务业，农业和制造业的重要性也大大降低，但贸易保护主义还是发生了。贸易在国民生产总值中所占比重很大，这意味着保护主义的爆发对美国经济的破坏性可能比过去更大。美国在国内外的开放市场上有更大的利益，其经济与世界的经济一体化程度比过去高得多。

再次，汇率制度事关利用贸易政策影响宏观经济结果的能力。在固定汇率制下，如果货币贬值被排除在外，保护主义可能会给宏观经济带来好处。正如第二章提到的，在固定汇率下提高关税可能导致净出口增加或某些银行储备增加，如果没有外国报复，这两种情况就可能对经济提供一些短期刺激。在 20 世纪 70 年代初布雷顿森林货币体系解体后，世界由固定汇率制度转向了浮动汇率制度。灵活的汇率使一个国家能够在经济低迷时采取强有力的货币政策，而无须采取保护措施。此外，在浮动汇率制下，关税通常是无效的：它会减少进口支出，但也会导致本国货币升值，从而减少出口，抵消对国内产出的任何刺激作用。正如保罗·克鲁格曼(1982：178)早已指出的："一般的假设是，在浮动汇率制度下，关税和进口配额可能会产生收缩效应。”[①]因此，设想在固定汇率运行下保护主义可能带来的潜在的宏观经济利益在浮动汇率制度下并不存在。

最后，1934 年以前的美国贸易政策完全是单方面的，没有考虑到对外贸易伙伴的反应。国会对报复的威胁只是模模糊糊地担心，并没有非常认真地考虑这些问题。今天，美国清楚地知道，其任何违反国际贸易规则的行为都将导致对其出口产品的报复。事实上，这种报复现在已融入世贸组织的世界贸易体系。在世贸组织争端解决机制下，各国可以对被发现违反国际贸易协定的国家进行报复。再一次，任何由限制进口带来的臆想中的好处，都必将被丧失出口所造成的实际成本平衡掉。这一威胁被用来惩罚那些违反国际协定的行为，并成功地遏制了机会主义行为（Bown，2004a，2004b）。[②]

基于以上种种原因，美国似乎不太可能重新采取斯穆特-霍利的贸易政策。

总 结

总而言之，《斯穆特-霍利关税法案》是一项标志性的国会立法，在当代关贸易政策的辩论中仍能引起共鸣。它的影响被那些反对保护主义警告危险的人夸大了，但又被那些希望淡化偏离自由贸易政策的代价的人缩小了。回顾这一时期的历史，我们学到了什么？

《斯穆特-霍利关税法案》是一项没有必要的立法，实际上是一项无用的立法。它无法实现其表面上的提高农产品价格和帮助农户的目标。美国是主要农作物（如棉花、小麦和其他谷物与烟草）的净出口大国，进口关税对这些农户没有帮助。许多农产品进口并没有与国内生产竞争，而那些有竞争的（除了已

---

① 正如克鲁格曼继续指出：“关税对货币需求的影响和实际升值对支出的影响表明，保护主义的间接效应将对总需求产生抑制作用，而这将完全抵消当消费者在把支出转向国内商品时保护主义所期待关税产生的直接影响。如果各国的民族主义的保护主义引发贸易战，那么由限制贸易而造成的常规微观经济损失与由全球产出紧缩造成的严重宏观经济损失相比将是相形见绌的。”

② 1995 年，关贸总协定成为世贸组织。斯穆特和霍利的一张照片挂在世贸组织总干事帕斯卡尔·拉米（Pascal Lamy）在日内瓦的办公室里。几乎没有人认识这两位而且拉米经常被人问及这两人是不是他的家人。参见拉米在 2009 年 4 月 24 日华盛顿特区的讲话《用一个开放的贸易体系调和美国》（Reconciling America with an Open Trading System），http://www.wto.org./english/news_e/sppl_122_e.htm。

资料来源:《圣路易斯邮讯报》编辑漫画汇集。感谢密苏里州历史学会提供。

图 4.5 事与愿违,惹火烧身

经被课以重税的糖和羊毛)只影响到相对较少的农户。因此,关税未能实现其目标。此外,围绕关税修订的政治进程给国会的贸易政治带来了一份咎由自取的坏名声。正如国会议员所指出的那样,关税法案是一堆私人立法,几乎不考虑国家利益。

《斯穆特-霍利关税法案》的经济后果问题仍有争议。关税明显减少了美国的进口。尽管收入下降导致的需求下降是1929—1933年美国进口收缩的主要原因,较高的关税也是一个重要因素。《斯穆特-霍利关税法案》并没有造成大萧条,也没有通过货币渠道(货币黄金的流入)或凯恩斯主义渠道(期待消费者将支出从外国转向国内商品）来改善大萧条。在一定程度上，由于《斯穆特-霍利关税法案》导致外国对美国的报复和歧视，美国出口的降幅大于进口。在大萧条时期和复苏的头几年，实际净出口拖累了经济。因此，可以说《斯穆特-霍利关税法案》使美国的大萧条比原本可能的情况更加严重。

《斯穆特-霍利关税法案》的国际后果问题也是有争议的。虽然关税不是20世纪30年代初严重损害了世界贸易的保护主义大爆发的主要原因，但却是一个促成因素。然而，一些国家直接或间接地报复美国，特别是加拿大这个美国最大的贸易伙伴。但真正的损害来自《斯穆特-霍利关税法案》引起的怨恨引发其他国家形成了歧视美国的优惠贸易集团。在出口市场上对美国商品的歧视，尤其是大英帝国特惠制，使世界贸易不再以美国为中心，同时使经济从大萧条中复苏更加困难。

最后，我们可以得出结论，《斯穆特-霍利关税法案》的污名是咎由自取。它没能实现其国内目标——帮助农户，反而在全世界范围内让美国惹火烧身。这是一个应该记住的对考虑不周的贸易政策的不良后果的警告。

附录：经济学家联名反对《斯穆特-霍利关税法案》的声明

以下声明由斯沃斯莫尔学院（Swarthmore College）的克莱尔·威尔克斯（Claire Wilcox）和芝加哥大学的保罗·H. 道格拉斯（Paul H. Douglas）以及伊利诺伊州的一位参议员共同发起。费特（1942）描述了该声明最初向美国经济协会（American Economic Association）成员散发时总共花费140美元。大部分签署人来自179个院校的学术理论经济学家，其中包括哥伦比亚大学的28位，芝加哥大学的26位，哈佛大学的25位和达特茅斯学院的24位。道格拉斯（1972:71）后来写道："我认为左右为难的胡佛其实想听取我们的建议。然而，其政党是那样坚定地致力于推行保护政策，这使他感到不得不签署该议案，结果，我们的所有预测都变成了现实。"参议员丹尼尔·帕特里克·莫尼汉对这份签署人名单的评价："这是经济学专业的一份荣耀。"（*Congressional Record*，July 30，1982:18758）文案来自1930年5月5日《国会记录》8327—8328页。

署名的美国经济学家和经济学教师强烈敦促国会否决任何规定全面上调关税税率的措施，或如果通过，则由总统将予以否决。

我们坚信，增加保护性关税将是一个错误。保护性关税通常会提高国内消费者必须支付的价格。而提高的价格将鼓励人们对生产的高成本的关注，从而迫使消费者补贴工业中的浪费和低效。同时，这将迫使消费者向生产成本较低的老牌公司支付更高的利润率。因此，如众议院和参议院议案所考虑的那样，更高的保护性政策将增加生活成本，并伤害美国绝大多数公民。

很少有人希望从这样的变化中获益。矿工、建筑工人、交通运输和公共事业工人、专业人员、银行、酒店、报社、批发和零售行业的工人以及其他几十种职业的工人显然都会遭受损失，因为他们生产的产品不能得到关税壁垒的保护。

绝大多数农户也会损失。他们的棉花、玉米、猪油和小麦都是出口作物，销往世界市场。他们在国内市场没有重要的竞争对手。因此，他们不能从对其生产的基本大宗商品征收的任何关税中获益。然而，他们会因为提高制成品关税而蒙受损失，而且是双重的。首先，在消费者方面，他们将不得不为他们购买的纺织品、化学品、钢铁产品支付更高的价格。其次，作为生产者，他们销售产品的能力将进一步受到壁垒的限制，这些壁垒阻碍了希望向我们销售制成品的外国人。

总体来说，我们的出口贸易将受到影响。那些国家不能永远只从我们这里购买而不向我们售卖商品，并且我们越通过提高关税来限制从他们那里进口商品，我们向他们出口的可能性就越低。这不仅适用于农业，也适用于铜、汽车、农业机械、打字机等出口工业。如果我们执行更高的关税，这些工业的困难可能会进一步增加。目前已有大量证据表明，这种行为将不可避免地引发其他国家以其人之道还治其人之身，对我国商品征收报复性关税。很少有比美国政府寻求的更具有讽刺意味的景象了：一方面，通过外国与国内商业局的活动推动出口，另一方面却通过提高关税为出口设置重重阻碍。胡佛总统在 1929 年 4 月 16 日对国会的讲话中说得很好：“这显然是不明智的保护，牺牲更多的出口就业来从进口中获得更少的就业。”

我们认为，美国制造商一般不需要更高的关税。总统委员会关于近期经济变化的报告显示，自第一次世界大战结束以来，工业效率提高了，成本下降了，利润以惊人的速度增长。我们的工厂已经为我们的民众提供了他们消费的96％以上的制成品，而国内生产商指望国外市场来吸收他们的机器不断增加的产量。进一步的贸易壁垒对他们来说不仅没有好处，反而有害。

许多美国人已向外国企业投资。据商务部估计,完全不包括战争债务的情况下,这类投资在 1929 年 1 月 1 日总计达到 125.55 亿美元至 145.55 亿美元。如果保护性关税被提高,这些投资者也会遭受损失,因为这一举措将使他们的外国债权人更难支付到期的利息。

美国现在正面临着失业的问题。美国工人只有在美国工厂销售产品的情况下才能找到工作。而更高的关税不会有利于产品的售出。增加就业不可能通过限制贸易来实现。在目前的危机中,美国工业可能免除调整自身以适应新的保护性关税的负担。

最后,我们敦促我国政府考虑提高关税政策将不可避免地给我们的国际关系带来的痛苦。美国在 1927 年由国际联盟主持召开的世界经济会议上有出色的代表。这次会议通过了一项决议,宣布是时候结束关税增加,并向相反的方向发展了。我们即将通过的立法中提出的更高关税违反了该决议的精神,而且促使其他国家在提高更多的贸易壁垒上与我们竞争。关税战争并不会为世界和平的发展提供良好的土壤。

发起人和第一签署者

保罗·H. 道格拉斯,芝加哥大学经济学教授

欧文·费雪(Irving Fisher),耶鲁大学经济学教授

弗兰克·D. 格雷厄姆(Frank D. Graham),普林斯顿大学经济学教授

欧内斯特·M. 帕特森(Ernest M. Patterson),宾夕法尼亚大学经济学教授

亨利·R. 西格(Henry R. Seager),哥伦比亚大学经济学教授

弗兰克·W. 陶西格,哈佛大学经济学教授

克莱尔·威尔克斯,斯沃斯莫尔学院经济学副教授

(下面是来自全国各地研究所和院校的一千多名经济学家的签名。)

致谢

在此，我要感谢众多为本书的完成提供帮助的人。感谢迈克·博尔多(Michael Bordo)、巴利·艾肯格林、安妮·克鲁格(Anne Krueger)、爱丽丝·帕佩约阿努(Elias Papaioannou)、彼得·特曼为各章提出的非常有帮助的评论。还有在拟稿阶段，外审专家哈罗德·詹姆斯(Harold James)、克里斯·米切纳(Kris Mitchener)、罗伯特·霍普利斯(Robert Whaples)提出的非常实用的反馈。达特茅斯学院(Dartmouth College)图书馆负责政府资料的图书馆员约翰·康克林(John Conklin)在我查阅大量官方出版物方面，提供了宝贵的支持。托特·明斯克(Todd Minsk)和贝克-巴利图书馆借阅部(Baker/Berry Library Circulation Desk)的每一位工作人员都向我提供了方便，不厌其烦地帮我在馆藏中查找所借阅的书籍和资料。在第三章所使用的数据里，戴安娜·怀曼(Diana Wyman)慷慨地提供了关于加拿大的统计数据。丽贝卡·孔(Rebecca Kohn)专家级的编辑加工对手稿加以润色。赛斯·迪奇克(Seth Ditchik)和他的普林斯顿大学出版社的团队，包括莱斯利·格伦菲斯特(Leslie Grundfest)、珍妮·陈(Janie Chan)和凯瑞·威尔第(Karen Verde)在本书的出版过程中提供了悉心的校验。

最后，允许我将这本书敬献给我的父亲，是他引领我进入阅读的天地，为我开启智慧之门，让我徜徉在一个不会寂寞的阅读世界里。

参考文献

Alston, Lee. 1983. "Farm Foreclosures in the United States During the Interwar Period." *Journal of Economic History* 43, 445–457.

Archibald, Robert B., and David H. Feldman. 1998. "Investment during the Great Depression: Uncertainty and the Role of Smoot-Hawley Tariff." *Southern Economic Journal* 64, 857–879.

Archibald, Robert B., David H. Feldman, Marc D. Hayford, and Carl A. Pasurka. 2000. "Effective Rates of Protection and the Fordney-McCumber and Smoot-Hawley Tariff Acts: Comment and Revised Estimates." *Applied Economics* 32, 1223–1226.

Bailey, Michael, Judith Goldstein, and Barry Weingast. 1997. "The Institutional Roots of American Trade Policy: The Origin and Effects of the Reciprocal Trade Agreements Act." *World Politics* 49, 309–338.

Barry, Dave. 1990. *Dave Barry Slept Here: A Sort of History of the United States*. New York: Random House.

Bernanke, Ben. 1983. "Non-Monetary Effects of the Financial Crisis in the Propagation of the Great Depression." *American Economic Review* 73, 257–276.

———. 1995. "The Macroeconomics of the Great Depression: A Comparative Approach." *Journal of Money, Credit and Banking* 27, 1–28.

Bidwell, Percy W. 1930. "The New American Tariff: Europe's Answer." *Foreign Affairs* 9, 13–26.

Bierman, Harold, Jr. 1998. *The Causes of the 1929 Stock Market Crash*. Westport, CT: Greenwood Press.

Bordo, Michael, Ehsan Choudhri, and Anna Schwartz. 2002. "Was Expansionary Monetary Policy Feasible during the Great Contraction? An Examination of the Gold Standard Constraint." *Explorations in Economic History* 39, 1–28.

Bown, Chad P. 2004a. "Trade Disputes and the Implementation of Protection under the GATT: An Empirical Assessment." *Journal of International Economics* 62, 263–294.

———. 2004b. "On the Economic Success of GATT/WTO Dispute Settlement." *Review of Economics and Statistics* 86, 811–823.

Boyce, Robert. 2009. *The Great Interwar Crisis and the Collapse of Globalization*. New York: Palgrave Macmillan.

Buchanan, Patrick J. 1998. *The Great Betrayal: How American Sovereignty and Social Justice Are Being Sacrificed to the Gods of the Global Economy*. Boston: Little & Brown.

Burner, David. 1979. *Herbert Hoover: A Public Life*. New York: Knopf.

Callahan, Colleen, Judith McDonald, and Anthony O'Brien. 1994. "Who Voted for Smoot-Hawley?" *Journal of Economic History* 54, 683–690.

Carey, Kevin. 1999. "Investigating a Debt Channel for the Smoot-Hawley Tariffs: Evidence from the Sovereign Bond Market." *Journal of Economic History* 59, 748–761.

Carter, Susan B., and Richard Sutch, eds. 2006. *Historical Statistics of the United States: Millennial Edition*. New York: Cambridge University Press.

Cole, Harold L., and Lee E. Ohanian. 1999. "The Great Depression in the United States from a Neoclassical Perspective." *Federal Reserve Bank of Minneapolis Quarterly Review* 23, 2–24.

———. 2007. "A Second Look at the U.S. Great Depression from a Neoclassical Perspective." In *Great Depressions of the Twentieth Century*, edited by Edward Prescott and Timothy Kehoe. Minneapolis: Federal Reserve Bank of Minneapolis.

Conner, James R. 1958. "National Farm Organizations and United States Tariff Policy in the 1920's." *Agricultural History* 32, 32–43.

Cooper, Richard N. 1987. "Trade Policy as Foreign Policy." In *U.S. Trade Relations in a Changing World Economy*, edited by Robert M. Stern. Cambridge: MIT Press.

Crucini, Mario J. 1994. "Sources of Variation in Real Tariff Rates: The United States, 1900–1940." *American Economic Review* 84, 732–743.

Crucini, Mario J., and James Kahn. 1996. "Tariffs and Aggregate Economic Activity: Lessons from the Great Depression." *Journal of Monetary Economics* 38, 427–467.

———. 2007. "Tariffs and the Great Depression Revisited." In *Great Depressions of the Twentieth Century*, edited by Edward Prescott and Timothy Kehoe. Minneapolis: Federal Reserve Bank of Minneapolis.

Cupitt, Richard, and Euel Elliott. 1994. "Schattschneider Revisited: Senate Voting on the Smoot-Hawley Tariff Act of 1930." *Economics and Politics* 6, 187–199.

Dornbusch, Rudiger, and Stanley Fischer. 1986. "The Open Economy: Implications for Monetary and Fiscal Policy." In *The American Business Cycle: Continuity and Change*, edited by Robert J. Gordon. Chicago: University of Chicago Press for the NBER.

Douglas, Paul H. 1972. *In the Fullness of Time*. New York: Harcourt Brace Jovanovich.

Dur, Andreas. 2010. *Protection for Exporters: Power and Discrimination in Transatlantic Trade Relations*, 1930–2010. Ithaca: Cornell University Press.

Dye, Alan, and Richard Sicotte. 2003. "The U.S. Sugar Tariff and the Cuban Revolution of 1933." Working Paper, Barnard College.

———. 2004. "The U.S. Sugar Program and the Cuban Revolution." *Journal of Economic History* 64, 673–704.

Eckes, Alfred E., Jr. 1995. *Opening America's Market: U.S. Foreign Trade Policy since* 1776. Chapel Hill: University of North Carolina Press.

———. 1998. "Smoot-Hawley and the Stock Market Crash, 1929–1930." *International Trade Journal* 12, 65–82.

Eggertsson, Gauti. 2008. "Great Expectations and the End of the Depression." *American Economic Review* 90, 1476–1516.

Eichengreen, Barry. 1989. "The Political Economy of the Smoot-Hawley Tariff." In *Research in Economic History*, edited by Roger Ransom. Vol. 12. Greenwich, CT: JAI Press.

———. 1992. *Golden Fetters: The Gold Standard and the Great Depression*, 1919–1939. New York: Oxford University Press.

Eichengreen, Barry, and Douglas A. Irwin. 2010. "The Slide to Protectionism in the Great Depression: Who Succumbed and Why?" *Journal of Economic History* 70, 872–898.

Eisenhower, Dwight D. 1963. *The White House Years: Mandate for Change, 1953–1956*. Garden City, NJ: Doubleday.

Evenett, Simon J., Bernard M. Hoekman, and Olivier Cattaneo. 2009. *Effective Crisis Response and Openness: Implications for the Trading System*. Washington, DC: World Bank.

Federico, Giovanni. 2005. "Not Guilty? Agriculture in the 1920s and the Great Depression." *Journal of Economic History* 65, 949–975.

Fetter, Frank W. 1933. "Congressional Tariff Theory." *American Economic Review* 23, 413–427.

———. 1942. "The Economists' Tariff Protest of 1930." *American Economic Review* 32, 355–356.

Feyrer, James. 2009. "Trade and Income: Exploiting Time Series Geography." NBER Working Paper No. 14910.

Fremling, Gertrud M. 1985. "Did the United States Transmit the Great Depression to the Rest of the World?" *American Economic Review* 75, 1181–1185.

Friedman, Milton, and Anna J. Schwartz. 1963. *A Monetary History of the United States*. Princeton: Princeton University Press.

Glassford, Larry A. 1992. *Reaction and Reform: The Politics of the Conservative Party under R. B. Bennett, 1927–1938*. Toronto: University of Toronto Press.

Glickman, David L. 1947. "The British Imperial Preference System." *Quarterly Journal of Economics* 61, 439–470.

Gordon, Robert J. 1986. *The American Business Cycle*. Chicago: University of Chicago Press.

Haberler, Gottfried. 1976. *The World Economy, Money, and the Great Depression*. Washington, DC: American Enterprise Institute.

Haggard, Stephan. 1988. "The Institutional Foundations of Hegemony: Explaining the Reciprocal Trade Agreements Act of 1934." *International Organization* 42, 91–119.

Hall, Ray Ovid. 1933. "Smoot-Hawley Tariff Caused Only About $165,000,000 of 1931 Import Shrinkage." *The Annalist* (September 29): 403–404.

Hamilton, David E. 1985. "The Causes of the Banking Panic of 1930: Another View." *Journal of Southern History* 51, 581–608.

Hart, Michael. 2002. *A Trading Nation: Canadian Trade Policy from Colonialism to Globalization*. Vancouver: University of British Columbia Press.

Hawley, Willis C. 1930. "The New Tariff: A Defense." *Review of Reviews*, July.

Hayford, Marc, and Carl A. Pasurka, Jr. 1992. "The Political Economy of the Fordney-McCumber and Smoot-Hawley Tariff Acts." *Explorations in Economic History* 29, 30–50.

Hoover, Herbert. 1952. *Memoirs*. Vol. 2: The Cabinet and the Presidency, 1920–1933. New York: Macmillan.

———. 1974. *Public Papers of the President of the United States*, 1929. Washington, DC: U.S. Government Printing Office.

———. 1976. *Public Papers of the President of the United States*, 1930. Washington, DC: U.S. Government Printing Office.

Hsieh, Chang-Tai, and Christina D. Romer. 2006. "Was the Federal Reserve Constrained by the Gold Standard during the Great Depression? Evidence from the 1932 Open Market Purchase Program." *Journal of Economic History* 66, 140–176.

Hull, Cordell. 1948. *Memoirs*. 2 vols. New York: Macmillan.

Irwin, Douglas A. 1998a. "Changes in U.S. Tariffs: The Role of Import Prices and Commercial Policies." *American Economic Review* 88, 1015–1026.

———. 1998b. "The Smoot-Hawley Tariff: A Quantitative Assessment." *Review of Economics and Statistics* 80, 326–334.

———. 2010. "Trade Restrictiveness and Deadweight Losses from U.S. Tariffs." *American Economic Journal: Economic Policy* 2, 111–133.

Irwin, Douglas A., and Randall S. Kroszner. 1996. "Log-Rolling and Economic Interests in the Passage of the Smoot-Hawley Tariff." *Carnegie-Rochester Series on Public Policy* 45, 173–200.

———. 1999. "Interests, Institutions, and Ideology in Securing Policy Change: The Republican Conversion to Trade Liberalization after Smoot-Hawley." *Journal of Law and Economics* 42, 643–673.

Irwin, Douglas A., Petros C. Mavroidis, and Alan O. Sykes. 2008. *The Genesis of the GATT*. New York: Cambridge University Press.

Johnson, Lyndon B. 1968. *Public Papers of the President of the United States*, 1967. Washington, DC: Government Printing Office.

Jones, Joseph M. 1934. *Tariff Retaliation: Repercussions of the Hawley-Smoot Bill*. Philadelphia: University of Pennsylvania Press.

Keech, William R., and Kyoungsan Pak. 1995. "Partisanship, Institutions, and Change in American Trade Politics." *Journal of Politics* 57, 1130–1142.

Kelley, Darwin N. 1940. "The McNary-Haugen Bills, 1924–1928: An Attempt to Make the Tariff Effective for Farm Products." *Agricultural History* 14, 170–180.

Kelley, William B., Jr. 1963. "Antecedents of Present Commercial Policy, 1922–1934." In *Studies in United States Commercial Policy*, edited by William B. Kelley, Jr. Chapel Hill: University of North Carolina Press.

Kindleberger, Charles P. 1986. *The World in Depression*. Revised edition. Berkeley: University of California Press.

Klingaman, William K. 1989. *1929: The Year of the Great Crash*. New York: Harper & Row.

Kottman, Richard N. 1968. *Reciprocity and the North American Triangle*, 1932–1938. Ithaca: Cornell University Press.

———. 1975. "Herbert Hoover and the Smoot-Hawley Tariff: Canada, a Case Study." *Journal of American History* 62, 609–635.

Koyama, Kumiko. 2009. "The Passage of the Smoot-Hawley Tariff Act: Why Did the President Sign the Bill?" *Journal of Policy History* 21, 163–186.

Krugman, Paul. 1982. "The Macroeconomics of Protection with a Floating Exchange Rate." *Carnegie-Rochester Series on Public Policy* 16, 141–182.

———. 1990. *The Age of Diminished Expectations: U.S. Economic Policy in the 1990s*. Cambridge: MIT Press.

Lamont, Thomas W. 1931. "Phases of the World Depression." *Proceedings of the Academy of Political Science* 14, 89–95.

Lary, Hal. 1943. *The United States in the World Economy*. Washington, DC: Government Printing Office.

League of Nations. 1931. "Evolution of Economic and Commercial Policy (Autonomous, Contractual and Collective) since the Tenth Assembly (June 19)." Geneva: League of Nations.

———. 1933. *World Economic Survey*. Geneva: League of Nations.

———. 1943. *Network of World Trade*. Geneva: League of Nations.

Leiter, Robert. 1961. "Organized Labor and the Tariff." *Southern Economic Journal* 28, 55–65.

Leuchtenburg, William E. 2009. *Herbert Hoover*. New York: Times Books.

Lucas, Robert E., Jr. 1994. "Review of Milton Friedman and Anna J. Schwartz's 'A Monetary History of the United States, 1867–1960.'" *Journal of Monetary Economics* 34, 5–16.

MacDougall, Donald, and Rosemary Hutt. 1954. "Imperial Preference: A Quantitative Analysis." *Economic Journal* 64, 233–57.
Madsen, Jakob B. 2001a. "Agricultural Crises and the International Transmission of the Great Depression." *Journal of Economic History* 61, 327–365.
———. 2001b. "Trade Barriers and the Collapse of World Trade during the Great Depression." *Southern Economic Journal* 67, 848–868.
Malin, James C. 1930. *The United States after the World War*. Boston: Ginn & Co.
Mankiw, N. Gregory. 2009. "It's No Time for Protectionism." *New York Times*, February 9.
McDonald, Judith A., Anthony Patrick O'Brien, and Colleen M. Callahan. 1997. "Tariff Wars: Canada's Reaction to the Smoot-Hawley Tariff." *Journal of Economic History* 57, 802–826.
Meltzer, Allan. H. 1976. "Monetary and Other Explanations of the Start of the Great Depression." *Journal of Monetary Economics* 2, 455–471.
———. 2003. *A History of the Federal Reserve. Vol. 1: 1913–1951*. Chicago: University of Chicago Press.
Merrill, Milton R. 1990. *Reed Smoot: An Apostle in Politics*. Salt Lake City: Utah State University Press.
Morison, Elting Elmore. 1960. *Turmoil and Tradition: A Study of the Life and Times of Henry L. Stimson*. Boston: Houghton Mifflin.
Nash, Ogden. 1931. *Hard Lines*. New York: Simon & Schuster.
Nevins, Allan. 1950. *The United States in a Chaotic World*. New Haven: Yale University Press.
Porter, Kirk H., and Donald B. Johnson. 1956. *National Party Platforms: 1840–1956*. Urbana: University of Illinois Press.
Reagan, Ronald. 1984. *Public Papers of the President of the United States, 1983*. Washington, DC: Government Printing Office.
———. 1988. *Public Papers of the President of the United States*, 1985. Washington, DC: Government Printing Office.
Richardson, Gary, and William Troost. 2009. "Monetary Intervention Mitigated Banking Panics During the Great Depression." *Journal of Political Economy* 117, 1031–1074.
Rogers, Will. 1978. *Will Rogers' Daily Telegrams. Vol. 2: The Hoover Years, 1929–1931*, edited by James M. Smallwood and Steven K. Gragert. Stillwater: Oklahoma State University Press.

Romer, Christina D. 1990. "The Great Crash and the Onset of the Great Depression." *Quarterly Journal of Economics* 105, 597–624.

———. 1992. "What Ended the Great Depression?" *Journal of Economic History* 52, 757–784.

———. 1993. "The Nation in Depression." *Journal of Economic Perspectives* 7, 19–40.

Salter, Sir Arthur. 1932. *Recovery: The Second Effort*. London: G. Bell & Sons.

———. 1961. *Memoirs of a Public Servant*. London: Faber.

Schattschneider, E. E. 1935. *Politics, Pressure, and the Tariff*. New York: Prentice Hall.

Schnietz, Karen. 2000. "The Institutional Foundations of U.S. Trade Policy: Revisiting Explanations for the 1934 Reciprocal Trade Agreements Act." *Journal of Policy History* 12, 417–444.

Schwartz, Anna J. 1981. "Understanding 1929–1933." In *The Great Depression Revisited*, edited by Karl Brunner. Boston: Martinus Nijhoff.

Scroggs, William O. 1930. "Revolt against the Tariff." *North American Review* 230, 18–24.

Sherman, John. 1895. *Recollections of Forty Years in the House, Senate, and Cabinet*. Chicago: Werner Co.

Slichter, Sumner H. 1932. "Is the Tariff a Cause of the Depression?" *Current History* 35, 519–524.

Smith, Howard R., and John F. Hart. 1955. "The American Tariff Map." *Geographical Review* 45, 327–346.

Smith, Richard Norton. 1984. *An Uncommon Man: the Triumph of Herbert Hoover*. New York: Simon & Schuster.

Smoot, Reed. 1931. "Our Tariff and the Depression." *Current History* 35, 173–81.

Snyder, J. Richard. 1973. "Hoover and the Hawley-Smoot Tariff: A View of Executive Leadership." *Annals of Iowa* 41, 1173–89.

Steel, Ronald. 1980. *Walter Lippmann and the American Century*. Boston: Little, Brown.

Stein, Ben. 2007. "The Smoot-Hawley Act Is More than a Laugh Line." *New York Times*, May 10.

Sumner, Scott. 1992. "The Role of the International Gold Standard in Commodity Price Deflation: Evidence from the 1929 Stock Market Crash." *Explorations in Economic History* 29, 290–317.

Sundquist, James L. 1983. *Dynamics of the Party System: Alignment and Realignment of Political Parties in the United States*. Washington, DC: Brookings Institution.

Taft, Robert A. 1997–2006. *The Papers of Robert A. Taft*, edited by Clarence E. Wunderlin, Jr. 4 vols. Kent, OH: Kent State University Press.

Taussig, Frank W. 1920. "Cost of Production and the Tariff." In *Free Trade, the Tariff, and Reciprocity*. New York: Macmillan.

———. 1929. "The Tariff Bill and Our Friends Abroad." *Foreign Affairs* 8, 1–12.

———. 1930. "The Tariff Act of 1930." *Quarterly Journal of Economics* 45, 1–21.

Temin, Peter. 1989. *Lessons from the Great Depression*. Cambridge: MIT Press.

Temin, Peter, and Barrie Wigmore. 1990. "End to One Big Deflation." *Explorations in Economic History* 27, 483–502.

Truman, Harry S. 1963. *Public Papers of the President of the United States, 1947*. Washington, DC: Government Printing Office.

U.S. Department of Commerce. 1976. *Historical Statistics of the United States: Bicentennial Edition*. Washington, DC: Government Printing Office.

U.S. Tariff Commission. 1930. "Comparison of Rates of Duty in Pending Tariff Bill of 1929." Senate Document No. 119. 71st Congress, 2d Session. Washington, DC: Government Printing Office.

———. 1931. "Imports into the United States from Principal Countries." Washington, DC: Government Printing Office.

Wanniski, Jude. 1978. *The Way the World Works*. New York: Basic Books.

White, Eugene N. 1984. "A Reinterpretation of the Banking Crisis of 1930." *Journal of Economic History* 44, 119–138.

———. 1990a. "The Stock Market Boom and Crash of 1929 Revisited." *Journal of Economic Perspectives* 4, 67–483.

———. 1990b. "When the Ticker Ran Late: The Stock Market Boom and Crash of 1929." In *Crises and Panics: The Lessons of History*, edited by Eugene N. White. Homewood: Dow Jones– Irwin.

Wicker, Elmus. 1996. *Banking Panics of the Great Depression*. New York: Cambridge University Press.

译后记

——邂逅一个人，结缘一本书

翻译《四处贩卖的贸易保护主义》这本书，纯粹是一个偶然事件。“政治经济学”不是我的兴趣所在。喜欢写作也喜欢翻译的我，会在有感而发时一气呵成写一篇文章，或长或短落笔成文：有时三言两语，有时洋洋洒洒万字，可以忘记时间，可以忘记周遭的人和事，将一份按捺不住的情感思绪、思考一并宣泄出来，如同绘画或作曲一样挥洒出来，释放出来。对于翻译，我心心念念的领域是关于自然发展史和相关学科的发展史、艺术发展史、人物传记或文学作品，所以才有《美第奇家族与文艺复兴》翻译的艰辛历程，关于美第奇家族的那本书是我翻译完成的第一本书，但是至今还没有出版。那么对政治经济学不感兴趣的我又是怎么开始翻译《四处贩卖的贸易保护主义》这本政治经济学历史专著的呢？

说起与这本书的缘分，要追溯到 2019 年 2 月在香山的一次邂逅。那年春节过后回北京在朋友彭小飞那里小住一月，2 月 14 日北京下了一场大雪。好久没去香山的我，激动地从昌平跑到北京植物园，而后一个人登临雪后的香山。拍照的时候想拍几张有人有山又有景的照片，就开口麻烦旁边的一位游客，就这样结识了老杨——杨恺力。同年 7 月我热心地帮助北京语言大学的译研网寻找出版机构为他们的文化活动整理出书，想起了老杨有朋友在出版界，就这样通过老杨认识了上海财经大学出版社的金福林社长，不过由于出版领域不同，译研网的图书出版并未达成。12月中旬的一天我突然收到金社长询问“是否可以承担经济类书稿的翻译工作”，我说“需要先看看稿子”。看过书稿后，激起我翻译这本书兴趣的倒不是原英文书稿，而是一同发过来的某些试译片段，这些试译是被英文原版书的出版社美国普林斯顿大学出版社否定的翻译。虽然我对政治经济学不感兴趣，但是平时广泛的阅读让我对这个领域还是有所涉猎，这本由达特茅斯学院教授、前美国总统经济顾问写成的书引起了我极大的兴趣。于是，我做了试译，试译稿件由中方编辑发给普林斯顿大学出版社三天后即收到回音——通过了。对此，我既高兴又紧张：高兴的是我的翻译得到普林斯顿大学出版社的认可，紧张的是我手里的《美第奇家族与意大利文艺复兴》这份书稿当时还没完成，而且还有其他工作要做。更何况，当时中国的疫情已经开始（那是2020年2月5日），我身处温州——除湖北之外疫情最严重的一个城市，除了每天4点半起床开始工作之外，还要面对疫情问题。我的脑子需要在几个领域切换……

好在，这本书的英文原著写作非常非常好！正如全美《独立评论》（*Independent Review*）对此书和作者的评论：

> 即使见闻广博的学者对这部著作也会仰之弥高，欧文教授以完美无缺的学识、逻辑清晰的论述、言简意赅的文笔，使这本书成为迄今为止描述美国贸易保护主义以及相应的恶劣后果的最好的著作。

《经济学原理》（*Economic Principals*）的大卫·沃什（David Warsh）的评论是：

> 这是一本简洁、条理清晰而且文笔优美的著作。

的确，这是一本简洁、条理清晰、文笔优美的著作。作者道格拉斯·欧文教授对这段历史的书写既展示了其经济史学的建树，也展示了其语言表达的功力。不同于文学作品在语言表达上的一番着意和雕琢，作者在这本九万单词量的著述中，无论是叙事还是评述，行文都是信手拈来、顺理成章、流畅易懂。流畅的文笔、清晰的文章构架、对专业知识深入浅出地呈现、相关轶事的娓娓道来、讽刺打油诗的恰切引入等，这些都让我对此书的翻译不感到困难，即使涉及贸易领域的专业词汇，如从量关税，从价关税；我也能应付自如。一如既往地，在翻译过程中我要阅读大量相关背景的英文资料，如西班牙的维斯关税、布雷顿森林货币体系、凯恩斯主义、货币主义等，就这样，这本书把我带回到一个世纪前的风云变换中。这时候，《美第奇家族与意大利文艺复兴》的初稿也已经完成，我便全心投入到对 20 世纪二三十年代美国经济政治、世界经济政治的解读中。不过，翻译刚刚开始，编辑又找到我，希望我先翻译尼尔·约翰逊博士的《帝国黯然谢幕——1918—1919 年大流感与英国》(Britain and 1918—19 Influenza——A Dark Epilogue)。鉴于出版社的安排，《四处贩卖的贸易保护主义》这本书就暂且搁置，我一头扎进了英国与 1918—1919 年大流感的解读中。其实，从历史事件的时间脉络来看，先了解一个世纪前的那场大流感疫情，再认识 20 世纪 30 年代政治经济的风云变幻，更有助于对事件前因后果的梳理、认识和理解。这也是为什么大流感那本书早于本书出版的原因。

洋洋洒洒写下了这许多，回顾了与这本书结缘的来龙去脉和翻译这本书的总体感受。下面讲讲翻译过程中的一些细节，这些细节既展现了作者"用轶事和政治漫画来丰富主题内容，揭示相应的经济背景"(阿萨·菲茨)的娴熟的写作手法，也可以映现我在翻译过程中的用心思考和翻译技巧。通过这些细节的呈现，我也希望多与翻译界同仁切磋。

1. Farmers 到底翻译为农户还是农场主？

最初，我按习惯的表达将 farmers 译为"农场主"，后来经过通篇内容的考量，加之美国农业从业人口的实际状况，我把 farmers 译为"农户"。美国的农业从业人口的情况是这样的：10%拥有自己的土地并且可以雇用长期劳力；85%拥有自己的土地，以家庭成员为核心劳动力，可以雇用季节性短工，但是其高度发达的农业化技术和设备使得在人手不多的情况下也能够完成大面积土地的耕种、收割等劳作，季节性短工的雇用只是在个别区域的特殊作物或品种的采摘收获期；少于 5%租用土地或者即使拥有自己的土地但是其农业生产的收入不足以使其扩大再生产以及雇用其他劳动力协助其生产。基于这种情况，我觉得 farmers 翻译为农户更为适中。“农场主”是一个特定时期的历史词汇，是暗含一定的政治恶意的表达，不适用于美国农业从业人口的实际情况。而且从农业选区对政府制定的关税的敏感性和对贸易政策支持的需求性来看，也可以判断出这一群体的“主”的力度和地位相当薄弱，因此将 farmers 翻译为“农户”更为恰当。

2. 对非文学著作中所插入或引用的文学片段的翻译处理原则——保留原文文学的艺术性。

在书中的第一章谈到参议员里德·斯穆特在修改议案过程中，特别关注并加强对进口书籍的审查，与所谓淫秽物品做斗争时，作者引用了美国打油诗诗人奥格登·纳什的诗《祈祷》对这一场景进行了调侃。在翻译的过程中，我对纳什的这两首打油诗的翻译以及对相关的新闻标题的翻译，做了相应的文学处理。

原文：The Senate eventually agreed to the censorship of foreign books, and his fight against pornography led to the classic headline: Smoote Smites Smut. Ogden Nash's poem "Invocation" poked fun at the scene.

译文：最终，参议院同意审查外国书籍，里德·斯穆特对色情作品的斗争激发出一个经典的新闻标题“斯穆特手撕一切不斯文”。

在这里，原文“Smoot Smites Smut”直译为：“斯穆特痛击淫秽”。如果做这样的直译，就不能呈现译出语中“Smoote Smites Smut”押韵的幽默感。所以我处理为“斯穆特手撕一切不斯文”。接下来，作者引用了纳什的打油诗。

原文：Invocation

Senator Smoot (Republican, Ut.)

Is planning a ban on smut.

Oh rooti-ti-toot for Smoot of Ut.

And his reverend occiput.

Smite, Smoot, smite for Ut.,

Grit your morals and do your dut.,

Gird up your l-ns, Smite h-p and th-gh,

We'll all be Kansas By and by.

译文：祈祷（左侧内容为直译，右侧则转化为适合汉语韵脚和语气的打油诗）

犹他州的共和党参议员斯穆特/共和党参议员斯穆特来自犹他州

正在计划一项对淫秽作品的禁令/决定对淫秽“不能任由它”

噢，嘟嘟嘟，为斯穆特吹起号角/哇！快来为斯穆特欢呼吧！

还有他的可敬的牧师奥普西/还有他的道义和文化！

打击吧！斯穆特，为犹他州打击！/开撕吧！斯穆特，为犹他州的利益开撕吧！

磨牙，做你该做的事。/手脚一起上，牙齿也用上。

准备好棍子，打大腿和屁股/拿起木棍打屁股，嘘！要说“手执教鞭予以鞭策”。

不久我们都将成为堪萨斯人/不然我们就成了堪萨斯人。

奥格登·纳什是20世纪美国家喻户晓的打油诗诗人，他的幽默讽刺诗能够折射出当时反对《斯穆特-霍利关税法案》的团体对出台此类议案、法案的无奈和极度不满，打油诗的引用使得对这一历史事件的叙述和评论生动饱满，所以，作者又引用了纳什的另一首打油诗。

原文：

Senator Smoot is an institute

Not to be bribed with pelf;

He guards our homes from erotic tomes

By reading them all himself. Smite, Smoot, smite for Ut.,

They're smuggling smut from Balt. To Butte!

Strongest and sternest

Of your s-x

Scatter the scoundrels

From Can. to Mex!

译文:(左侧内容为直译,右侧则转化为适合汉语韵脚和语气的打油诗)

参议员斯穆特是一种制度/参议员斯穆特很斯文,代表着一种文明制度很斯文

不被金钱贿赂/他不为金钱和欲望所贿赂和动摇

他保护我们的家不受色情书籍的影响/保护我们的家园不受色情的侵扰

都是自己读/所有的色情书籍要经由他先睹

打击吧!斯穆特,为犹他州打击!/开战吧!参议员,为家乡的利益开战吧!

他们在从巴尔的摩走私淫秽品到布特!/从东海岸到西海岸,从加拿大到墨西哥湾

以你最强壮和最严厉的××把歹徒从加拿大赶到墨西哥!/让所有色情能到的地方,都见识一下你的"强硬和坚挺"!

因此,两首打油诗的翻译如下:

打油诗一:

共和党参议员斯穆特来自犹他州

决定对淫秽"不能任由它"

哇!快来为斯穆特欢呼吧!

还有他的道义和文化!

开撕吧!斯穆特,为犹他州的利益开撕吧!

手脚一起上,牙齿也用上。

拿起木棍打屁股,嘘!要说"手执教鞭予以鞭策"。

不久我们就成了堪萨斯人。

打油诗二：

参议员斯穆特很斯文，代表着一种文明制度很斯文，

他不为金钱和欲望所贿赂和动摇。

保护我们的家园不受色情的侵扰，

所有的色情书籍要经由他先目睹。

开战吧！参议员，为家乡的利益开战吧！

从东海岸到西海岸，从加拿大到墨西哥湾，

让所有色情能到的地方，都见识一下你的“强硬和坚挺”！

对非文学著作中所引用的文学片段的翻译一定要保留原文的文学性和艺术性，这样才能完整地再现出原作者的写作目的和行文风貌，不能只是把信息传递出来。所以，翻译工作不是简单的语言转换，信息传递，而是以原文为基础，利用目标语对相应的内容再创作。那么，再创作的过程就需要以人为本，即考虑到目标语读者的阅读体验，并充分利用读者的文化背景使译文与读者的阅读达成默契。

3. 借用中文的成语和诗词做漫画的标题，达到不言而喻的效果。

作者欧文教授巧妙地利用当时的政治漫画来丰富主题内容，有些漫画没有标题，只有画中的短语，有些漫画的标题可以使英文读者会然一笑，但是中文读者可能不知所以，为了让这些漫画达到不言而喻的效果，为了让中文读者看了漫画也会然一笑，我对一些漫画标题的翻译做了归化处理。例如，对书中第四章由密苏里州历史学会提供，源自《圣路易斯邮讯报》漫画集的一张漫画，内容显示美国六百万失业大军在寻找工作机会，目光贪婪地扫着一张张用工广告，但是看到的是胡佛-格兰迪关税宣扬贸易壁垒将意味着美国繁荣的宣传帖。我给这张漫画的标题是“此情可待成追忆”。在第一章中作者援引曾经刊载在《费城记录》的一幅漫画描绘在《斯穆特-霍利关税法案》下，农业与工业的获益情况，工业扛回整个熏猪肉，而农户则可怜巴巴地拿着一根猪尾巴跟在后面。我对这幅漫画加了标题：在一场指雁为羹的关税博弈中的美国农户。成语“指雁为羹”是一种画饼充饥的安慰，这里借用这一成语来讽刺《斯穆特-霍利关税法

案》为美国农户带来的所谓好处。

以上对我翻译细节略举一二，与大家分享。在译后记的结尾，我要对所有对我翻译这本书提供支持、帮助以及提供这次翻译机会的朋友、同事表达由衷地感谢！感谢邓小红、祝琳华、张昊帮助我完善译文的表达，特别是邓小红百忙之中抽出时间与我一起分析疑难句型，在第一时间把握住译文的准确性和正确性，并且帮助我查阅下载了大量的相关英文资料，给予我他人无法替代的帮助。我还要感谢谢宝辉老师的帮助，特别是经济贸易专业知识的解读翻译上。最后，要感谢出版方的工作人员——感谢金福林社长为我提供这样一次与美国普林斯顿大学出版社合作的机会！感谢组稿编辑李成军老师的支持和时间进度上的关照体谅！感谢上海财经大学出版社把我纳入"贸易·政治·全球化译丛"的编委团队，让我在一个新的领域获得新的学习机会，做出新的成绩的机会！感谢（虽然素未谋面）美国普林斯顿大学出版社的编辑对我翻译文风的认可，让我深感荣幸！

阿德莱德·朱莹
2021 年 5 月 21 星期五于鞍山